香港东方教育研究院 学习型中国·读书工程教研中心 联合推荐

令孩子惊奇的
88×2
个科学游戏

学习源于兴趣 科学改变人生

88个令孩子目瞪口呆的科学疑问，
再加上88个超乎寻常的游戏探索，
带领孩子进入奇妙的科学世界。
以科学的眼睛去发现、探索世界，
在游戏中增长智慧，在思维中收获快乐！

教育专家 杜宝东◎著

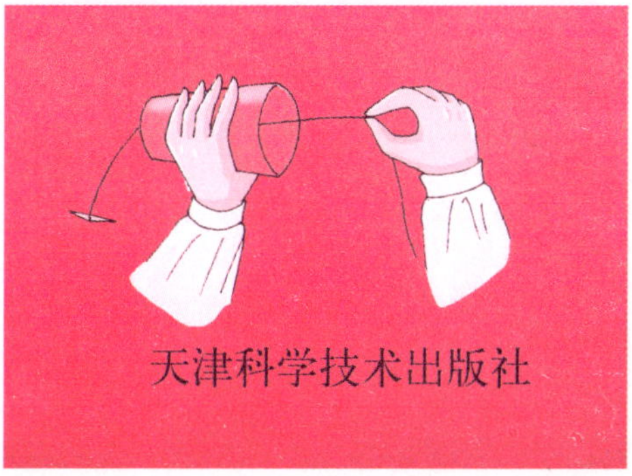

天津科学技术出版社

图书在版编目（CIP）数据

令孩子惊奇的88×2个科学游戏／杜宝东编著.—天津：
天津科学技术出版社，2009.9
ISBN 978-7-5308-5371-9

Ⅰ.令… Ⅱ.杜… Ⅲ.智力游戏–儿童读物 Ⅳ.G898.2

中国版本图书馆CIP数据核字（2009）第178383号

责任编辑：范朝辉
责任印制：王 莹

天津科学技术出版社出版
出版人：胡振泰
天津市西康路35号　　　　邮编 300051
电话：（022）23332390（编辑室）　23332393（发行部）
网址：www.tjkjcbs.com.cn
新华书店经销
三河市新科印刷厂印刷

开本 787×1092　1/16　印张 12　字数 180 000
2009年12月第1版第1次印刷
定价：20.00元

序 言

说起科学，很多人都觉得它神秘且深奥。

其实，科学，并不是一串串艰深难懂的文字，

而是人们对新奇发现的解释和检验。

同时，科学，也不是一个抽象的名词，

而是科学家们在实验室中进行的一系列“游戏”。

如果你心里有成千上万个疑问，

如果你想发明新的实验，希望找出这些问题的答案，

那么，我们可以说，你也是个科学家，正在努力探索世界的奥秘。

……

做一个实验，有可能就是在种植一颗天才的种子。

爱因斯坦的天才种子，源于爸爸给他的指南针；

爱迪生的天才种子，由妈妈送给他的实验书开始。

你的天才种子也许就从这本书开始。

……

本书介绍的176个科学游戏，不需要你大费周折，也不需要刻意准备特别的材料，只需要配合着书里介绍的简单而容易操作的步骤。一个个神奇而有趣的结果，将呈现在孩子的面前。相信所有的孩子在操作完这些实验后，都会眼睛一亮，甚至为之着迷，并且努力猜想这是为什么。这个时候，请家长帮我们向您的孩子传递几句鼓励的话语，引导他们继续思考。请您放弃使用这样的句子“哎呀，这不就是力学、光学、静电……的特性嘛”，因为对孩子来说，这一切的一切几乎是不存在的，而我们的这些游戏，将是引导他自己从实验中体悟这些原理。

另外，广大家长请注意，玩游戏，做实验，不可避免地会遭遇失败，先引导孩子不要将此看得太重，鼓励他们多试几次就能成功。如果您的孩子年龄尚小，那么我们希望您陪着孩子一起做这些实验，以免操作不当，伤到孩子。为此，我们再次感谢您的配合，能让您的孩子从中受益，将是我们最大的心愿。

目录

好奇＋好玩的科学游戏

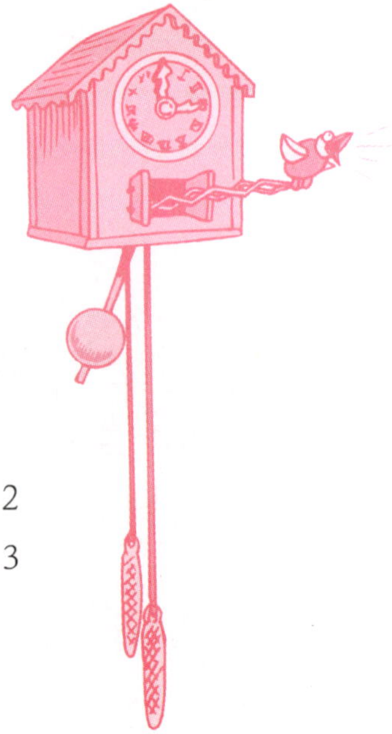

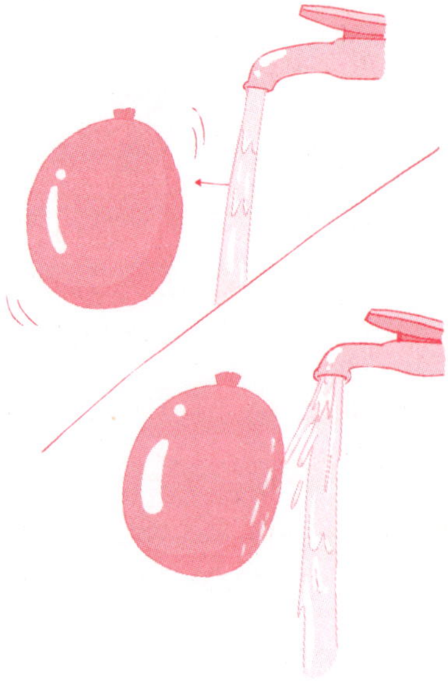

惊奇＋不可思议的科学游戏

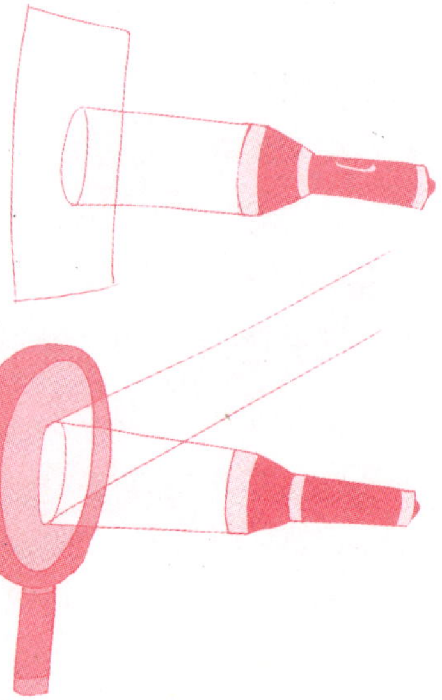

好奇＋好玩的科学游戏

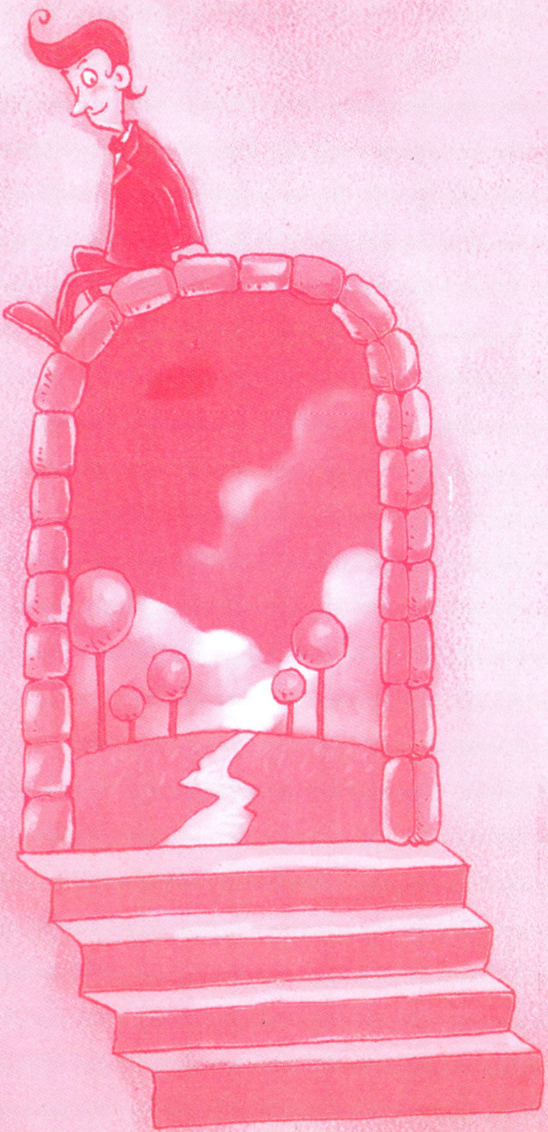

001 小鸡吃沙的秘密

不知你有没有发现，小鸡吃完米以后总会再去啄一点儿沙子吃。难道小鸡没吃饱吗，怎么连沙子都吃呢？

你需要：

1.葵花籽若干

2.沙子若干

3.一个玻璃杯

4.一个塑料袋

快来玩玩看：

1.把葵花籽剥开，取仁儿，将其放进玻璃杯里，用水浸泡30分钟。

2.30分钟后，把仁儿放进装有沙子的塑料袋中。用手揉搓塑料袋，使葵花籽仁儿和沙子相互摩擦。结果，仁儿被沙子磨碎了。

这是怎么回事：

上面的游戏告诉我们：葵花籽仁儿只有和沙子产生摩擦，才能磨碎。同样道理，鸡之所以喜欢吃沙子，是因为鸡没有牙齿，吃进去的食物直接进入体内，很难消化。这时，被鸡吃进胃里的沙子就可以发挥作用了，它们能帮助胃磨碎食物，使磨碎后的食物很容易被消化和吸收。

002 "害羞"的虾

我很爱吃虾，但是很奇怪，虾被煮熟了以后就变成了红色这是为什么？

你需要：

1.一斤活虾

2.一个燃气灶和一口锅

快来玩玩看：

1.先观察事先买回来的活虾，发现它是青黑色的。

2.在锅里加入适量的水，把虾放入锅里，打开燃气灶，煮一会儿。结果，虾全变成了鲜红色。难道虾有变色的本领？

这是怎么回事：

原来虾的外壳中含有很多色素，色素中大多数都是青黑色的，所以活虾看上去都是青黑色的。一旦把虾放在锅里煮过之后，大多数的色素都被高温破坏掉了，只剩下不怕高温的红色素。因此，虾煮过之后就变成红色了。

003 头，还是尾？

浑身上下又红又滑，用手一摸又有点恶心的蚯蚓，不动的时候你能分辨哪一端是它的头部、哪一端是尾部吗？

你需要：

1. 一条蚯蚓

2. 两根导线

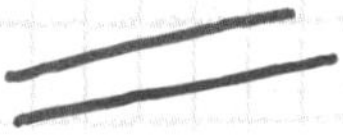

3. 一把剪刀

4. 一节电池

5. 一卷胶带

6. 一张报纸

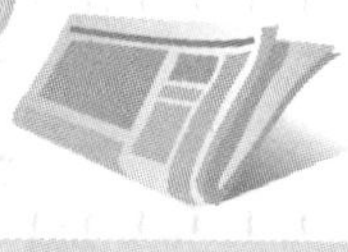

快来玩玩看：

1. 用剪刀剥去导线两端 2 毫米长的绝缘表皮，将其中一根导线的一端用胶带粘在电池的正极上，另一根导线的一端粘在电池的负极上。

2. 根据蚯蚓的长短将报纸折成长方形。在报纸上浇水，让报纸完全湿透，然后把蚯蚓放在报纸的正中间。

3. 用与电池负极相连的那根导线去接触报纸上与蚯蚓右端距离为 2 毫米的位置，这时，蚯蚓伸展自如。换个方向，却发现蚯蚓收缩成锯齿状的一团。

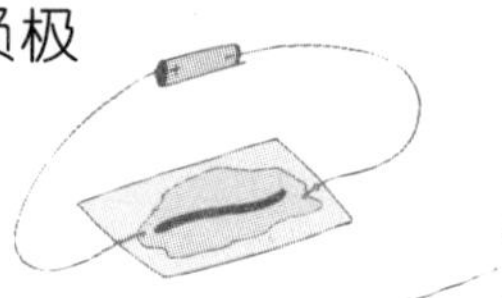

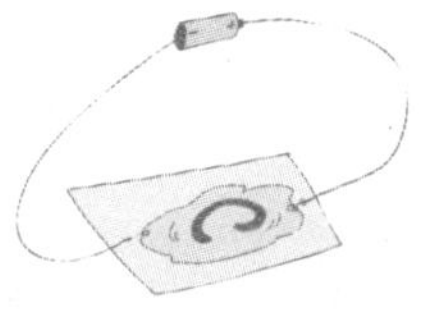

这是怎么回事：

电流让蚯蚓准确地判断自己所处 的环境。如果蚯蚓的头部与电池的正极相连，而尾部与电池的负极相连，此时它可能感觉到危险，那么它就会收缩。要是把电池的两极调换过来，此时它就感觉比较安全，蚯蚓就会伸展自如。由此可以判定，游戏中蚯蚓的右端是头部，左端是尾部。

004 倒立的影像

有时候我们的眼睛会传达给我们一些不可思议的事情。明明看到窗外的风景是正立的，可是通过小孔看，怎么就变成倒立的呢？

你需要：

1.鞋盒

2.透明的描图纸

3.胶带

快来玩玩看：

1.把鞋盒的盖子去掉，用胶带将描图纸绷在鞋盒空的那一面，尽量保持平整光滑。

2.在描图纸的对面纸板上开一个小圆孔，找一个有阳光透进来的窗户，把小孔一面朝向阳光，适当移动鞋盒的位置，直到描图纸上面出现清晰的影像为止，影像就是倒立的。

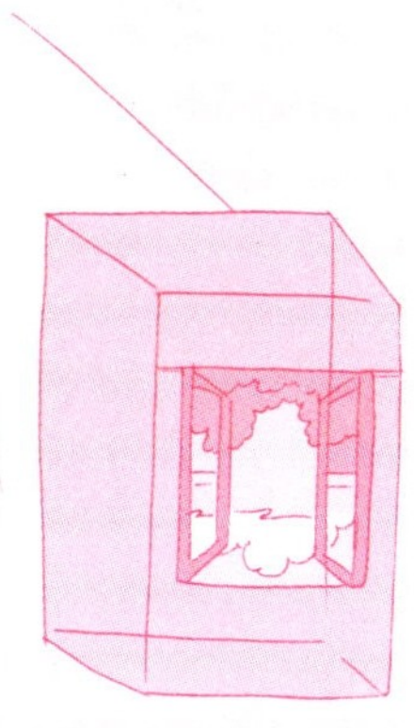

这是怎么回事：

这是因为光线是直线传播的。光源发出的光是向四面八方传播的，它的各个发光点发出的光束中，都只有一束光线从窗外直线直入小孔，窗外景象上部的光线穿过小孔，直线到达描图纸的下端，而窗外景象下部的光线穿过小孔，直线到达描图纸的上端，所以致使窗外景象的光线经过小孔到达描图纸的时候，上下光线出现交叉。我们通过描图纸来观看的话，就成了上下颠倒的影像。

005 有趣的散射

光能穿透一些东西，又能被另一些东西反射回来。而且你只要做一些小的改动，就会看到不曾发现过的景象。这到底是怎么回事呢？

你需要：

1. 一张桌子

2. 装满清水的玻璃缸

3. 硬纸片

4. 镜子

5. 牛奶

快来玩玩看：

1. 在房间里向阳的窗户下摆好桌子，放上玻璃缸。

2. 在硬纸片上裁一个直径2厘米的圆孔。

3. 把镜子、硬纸片和清水玻璃缸三者依次排列。纸板斜靠在玻璃缸上，镜子正面对着纸板和窗口（以便能反射阳光）。阳光通过镜子能够反射出来，经过纸片上的小孔再穿出玻璃缸。这时，我们可以发现，从玻璃缸的侧面观察，发现光束是浅蓝色的，而观察玻璃缸的背面，光束却又变成了橘红色。

4. 为了达到效果，我们往玻璃缸中加一些牛奶，使水浑浊，这样透入水中的光束就会变得清晰。

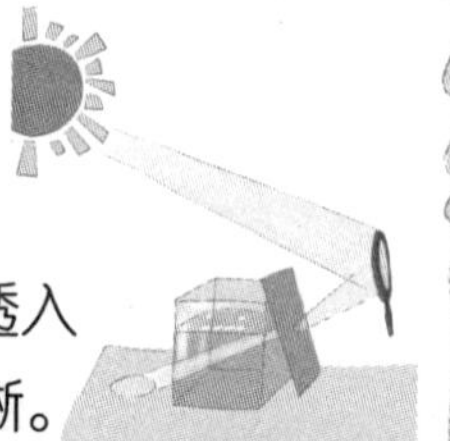

这是怎么回事：

浑浊的水悬浮着细小微粒，光束通过这些微粒时，一部分光线就向四周散射开来，偏离原来的前进方向，因此我们能够看到色光。通常状况下，波长越短的色光，被散射得越厉害。而我们在玻璃缸的侧面看到浅蓝色的色光，则是因为波长较短的蓝色光受到散射的缘故。由于红色光和黄色光没有改变方向，所以依照光束的方向，在玻璃缸的背面，我们能看到红色光和黄色光混合的橙色光。

006 糖也带电

糖也带电吗？不过，我可不太希望口香糖在我的嘴里带电，要是电到了舌头可怎么办？

你需要：

1. 一个带窗帘的房间

2. 两块方糖

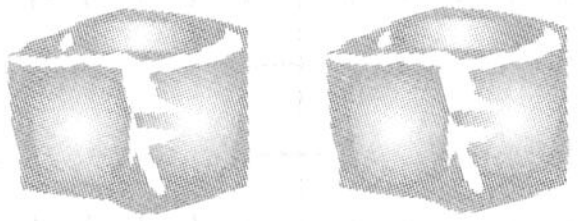

快来玩玩看：

1. 切掉房间内的光源，拉上窗帘，让眼睛适应黑暗。

2. 取两块方塘，像擦火柴一样迅速摩擦两块方糖，或用一块敲击另一块，两块方糖碰撞的时候，你能看到微弱的光芒。

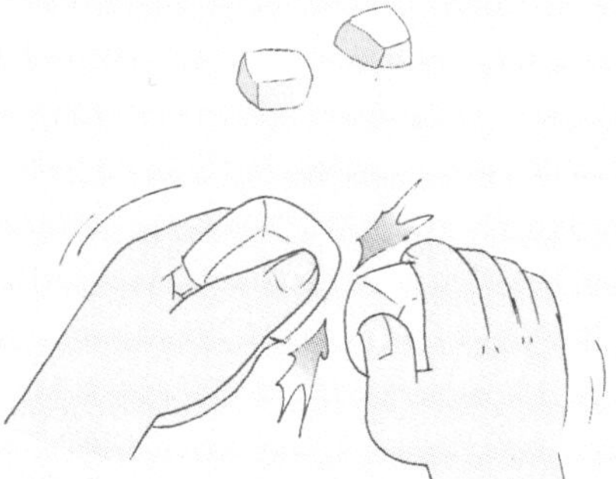

这是怎么回事：

这是关于压电现象的游戏。自然界中有些固体介质当被挤压、拉长时，晶体会产生极化，在相对的两面上产生异号束缚电荷。糖的晶体就有这种特性。在糖分子中都存有化学能，敲击两块方糖，压力的作用能将化学能转化为光能，因而就能够看到光亮。

007 吹不大的气球

我可喜欢吹气球了，可是有一种情况下，我却怎么都吹不大气球，这可怎么办呢？

你需要：

1. 一个玻璃瓶

2. 一个气球

快来玩玩看：

1. 把气球装进玻璃瓶中，把气球口如图这样反套在玻璃瓶口上。

2. 用力吹气球，你会发现无论你用多大的力气去吹也吹不大气球。

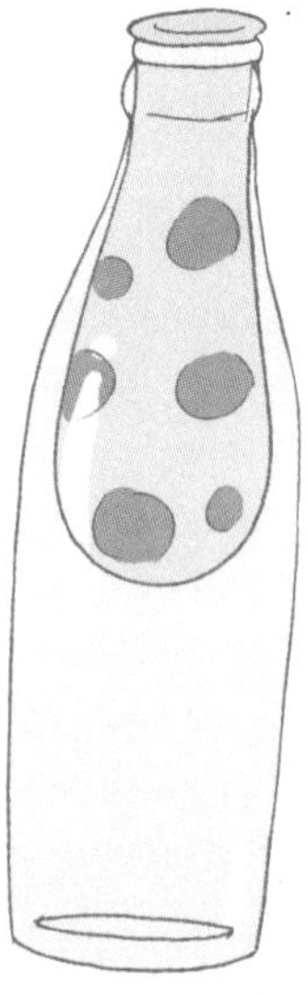

这是怎么回事：

当把气球口反套在瓶口上时，同时也封闭了瓶内的空气，这就是说，瓶内的空气对气球形成了一定的气压。所以不管怎样吹气，就是吹不大。

008 魔法吸管

我发现：用一把塑料小尺子在头发上摩擦几下后，就可以将小纸屑吸起来了！根据这个原理，我还能表演小魔术呢！

你需要：

1. 一根干净的塑料吸管

2. 一张新报纸

快来玩玩看：

1. 在报纸上裁剪下一小块，把它卷裹在吸管外面。

2. 左手拉住吸管一段，右手捏住报纸卷，将吸管与报纸来回摩擦多次。

3. 拉出吸管，竖直贴到右手手掌上，再松开手。这时你会惊奇地发现吸管好像受到一股魔力支配，紧贴在右手掌上不落下来。

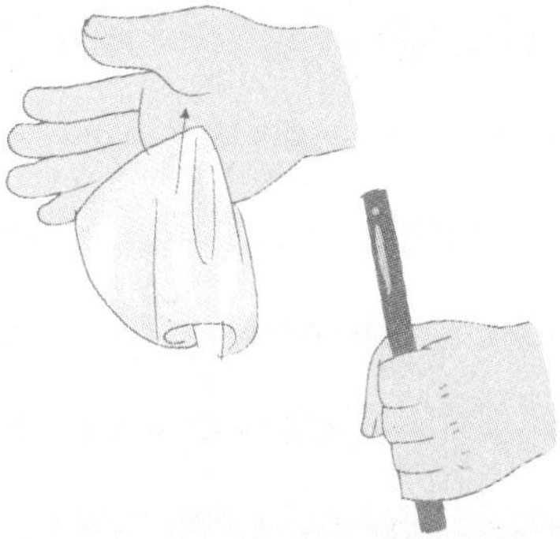

这是怎么回事：

这是由于报纸和吸管摩擦后，吸管带上了大量负电荷，而吸管是用绝缘性很好的塑料做的，电荷不会流失，因此能吸附在手掌上。它也能被书本、有机玻璃吸住，你不妨都试一试。

009 烧不开的水

在标准大气压下，水只要被加热到 100℃就会沸腾。可是在这个游戏中，为什么水一直被加热也不会沸腾呢？

你需要：

1. 一个玻璃杯

2. 一口锅

3. 一个电炉

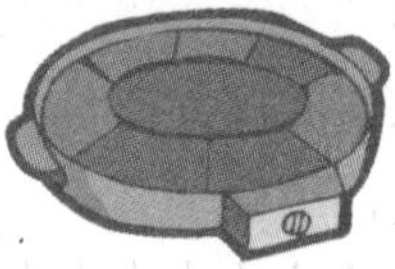

4. 水

快来玩玩看：

1. 在锅里放入适量的水，把玻璃杯放在锅里，然后在玻璃杯里注入与锅里高度相同的水。

2. 把锅放在电炉上加热。

3. 过一会儿，锅中的水就沸腾起来，继续加热，杯中的水却没有沸腾。

这是怎么回事：

锅中水的温度上升较快，所以加热一会儿就达到沸点。而杯子里的水由于有玻璃的阻隔，所以温度上升较慢。因此，当锅中的水沸腾时，杯子中的水还没有达到100℃。另外，锅里的水由液态变成气态，而温度不会再升高，一直保持在100℃，所以也就无法给杯中的水传导温度。因而，杯中的水在锅中的水没有蒸干之前就不会沸腾。

010 淹不死的青蛙

青蛙经常在水里钻来跳去，它是不是有什么特异功能，要不然它为什么不会被淹死呢？

你需要：

1. 一个小铁笼

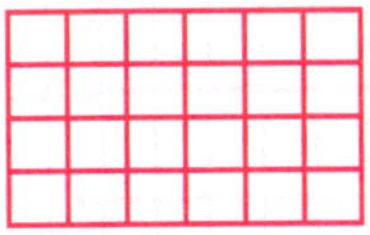

2. 一个鱼缸

3. 一只青蛙

4. 少许水草

快来玩玩看：

1. 把青蛙放在鱼缸中，注入清水，再放些水草，好让水草在阳光的照射下进行光合作用，以增加水中的氧气含量。仔细观察青蛙，你会发现它长有两个鼻孔，说明它是靠鼻子呼吸的。

2. 把青蛙放进小铁笼里，再放入鱼缸内让它沉入水底，使青蛙不能用鼻孔呼吸。

3. 几天后，你会发现青蛙仍活着，没有憋死。

这是怎么回事：

青蛙是用肺呼吸的，但是肺泡不多，只靠肺呼吸不能满足身体的需要，还要靠皮肤呼吸。青蛙的皮肤里布满了丰富的毛细血管，能直接同外界进行气体交换，进行辅助呼吸。在水底被罩住的青蛙，不能用鼻孔呼吸，但可以用皮肤呼吸，维持生命，所以它不会被憋死。

011 纸亮，还是镜子亮

在一个黑暗的房间中，用手电筒照射一面镜子和一张白纸。你认为，是纸亮还是镜子亮呢？

你需要：

1. 镜子

2. 白纸

3. 手电筒

快来玩玩看：

1. 用手电筒照射白纸，发现白纸只能发出微弱的光。

2. 用手电筒照射镜子，发现镜子看起来一片漆黑。这是什么缘故呢？

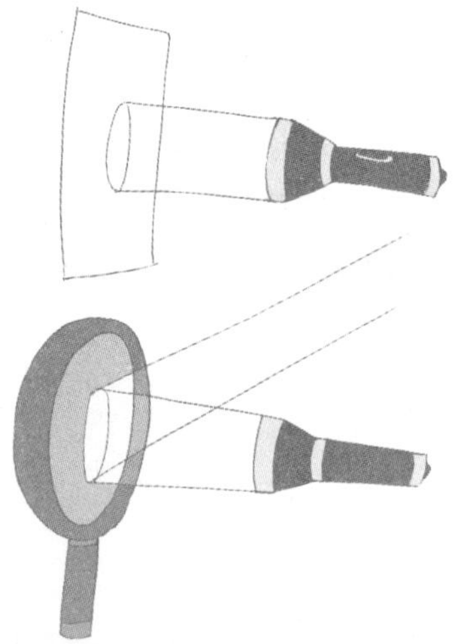

这是怎么回事：

原来，光滑的镜子只能有规则地反射光线，一束光线遇到镜面以后，虽然改变了前进的方向，但是它们在新的运动方向上仍然是整齐前进的。而纸是无规则地反射光线，所以人眼从各个方向都可看到微弱的光。如果你的眼睛不在这个方向上，镜子的反射光就一点也不会进入你的眼里，所以镜面看上去是黑的。只有把镜面转到某一个角度，使它反射的光正好进入你的眼睛的时候，你才能看到耀眼的光芒。

012 植物也要呼吸吗？

我们是用鼻子和嘴呼吸，植物是通过哪儿呼吸呢？植物也有呼吸道吗？

你需要：

1.一株栽在花盆里的植物（10片以上的新鲜叶子）

2.一瓶凡士林

快来玩玩看：

1.先在3～5片叶子的正面厚厚地涂一层凡士林。在另外3～5片叶子的背面也厚厚地涂一层凡士林（涂凡士林时，应该均匀地涂在叶子的整个表面）。

2.连续10天，每天都要观察叶子的变化。10天后，我们发现在正面涂凡士林的叶子没有什么变化，但在背面涂凡士林的叶子发蔫了。这是为什么呢？

这是怎么回事：

在植物的叶子背面，有叫做“气孔”的呼吸道。正如我们用鼻子和嘴呼吸一样，植物是通过气孔呼吸的。即通过这些气孔，植物吸进必需的二氧化碳，呼出氧气。因此，在叶子背面涂上凡士林就会堵住气孔，使气体无法自由出入，叶子便蔫死了。

要知道，因为叶子的正面没有气孔，所以在正面涂上凡士林，叶子是不会有什么变化的。

013 奇妙的听诊器

医生为什么用听诊器放在病人的胸口就知道病人哪里出毛病了。谁能帮我解答呢?

你需要:

1.一把剪刀

2.一张硬纸片

快来玩玩看:

1.用剪刀把硬纸片剪出长约20厘米、宽约10厘米的大小，再把它卷成一个中空的圆柱体，密封好交接处。

2.按照圆柱体底部的口径大小，再裁剪出两个圆环，内环相同，外环一大一小。

3.把两个平面的圆环剪开，粘贴成两个立体的圆台形状(内环口径不要变化)。将两个圆台分别与圆柱体的两端相接，记住所有相连的部分都要确保严密，听诊器就算做好了。

4.把做好的听诊器一端放在朋友的胸口上，一端放在自己的耳朵边上。看看你是不是听到了朋友的心脏发出“怦怦——怦怦”声了?

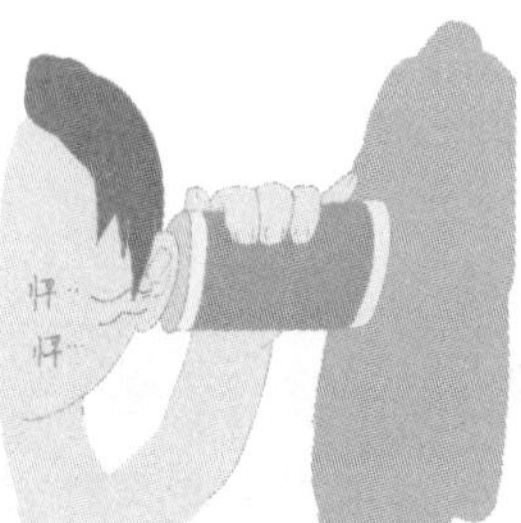

这是怎么回事:

人体内部所发出的声波扩散开来，变得非常小，所以你即使站在旁边，也没办法听到别人的心跳声。而圆台口的作用是把这些声波聚拢起来，让它沿着声筒朝前运动，这样就能通过第二个口径把声音传到你的耳朵里了。

014 会跳舞的硬币

硬币竟然可以在瓶子上跳起舞来，听起来好像很好玩，但到底是怎么做的呢？

你需要：

1. 一瓶可乐

2. 一枚1元硬币

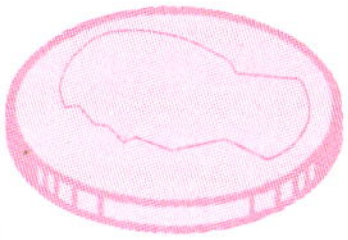

3. 少许食盐

4. 一把汤匙

快来玩玩看：

1. 在可乐瓶中加入半匙食盐。

2. 在硬币上洒些水，把它打湿，然后放在可口可乐瓶子的瓶口上。

3. 仔细观察，你会看见硬币在瓶口上不停地跳动，看起来像在跳舞。

这是怎么回事：

食盐的结晶颗粒溶化在二氧化碳中时，很容易变为碳酸气体，但因为瓶口被硬币堵住了，二氧化碳无路可走。一旦瓶中的压力超过硬币的重量与外界的大气压的和，硬币就会跳起，使瓶中的二氧化碳溢出。但紧接着硬币又会因为自己的重量和外界气压的作用而落下，盖住瓶口。然而，只要瓶中的压力再次升高，硬币又会跳动起来。

015 吸不上来的水

回到家时真是渴死我了，可是爸爸递过来的饮料却怎么都吸不上来，是吸管出了问题吗？真是奇怪。

你需要：

1. 一瓶水

2. 一根吸管

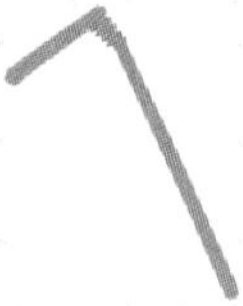

3. 一块橡皮泥

快来玩玩看：

1. 把吸管插进瓶子里。

2. 把橡皮泥捏成香肠状，塞进瓶口的缝隙里，不让空气进入瓶中。

3. 现在，你就用吸管吸水试试。你会发现无论你用多大力气，都无法吸出瓶子里的水。

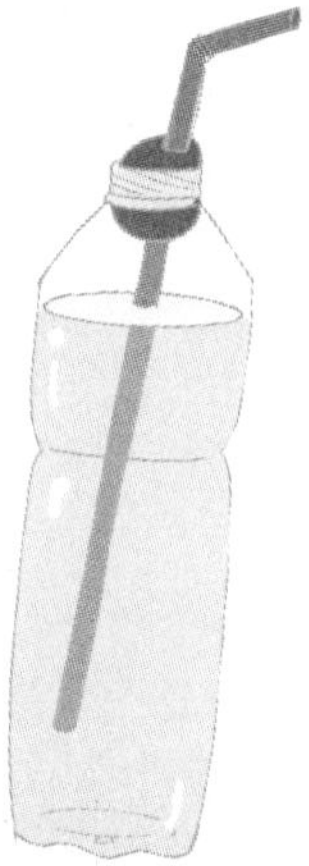

这是怎么回事：

平时用吸管吸水时，开始吸上来的不是真正的水，而是吸管里的空气，由于管中的压力降低，液体的表面受到外部的大气压力作用，水就会被吸上来。当把瓶口用橡皮泥封住后，外面的空气无法进入瓶中，不能对液体表面施加压力，瓶内的水也就无法上升。

016 气球口渴了

老师告诉我，气球被摩擦后，可以吸起碎纸屑等细小的物体。可是，我要问老师：“它能吸水吗？”

你需要：

1. 一只气球

2. 一条干毛巾

快来玩玩看：

1．吹大气球，将它与干毛巾相互摩擦。

2．打开水龙头，放出一小股水柱，慢慢地让气球靠近水柱，让气球喝水。

3．此时，你会发现：当气球靠近水流时，水被吸引，开始向气球的方向略微倾斜；当气球差不多碰到水柱时，一些水滴就会飞起，溅落在气球上。

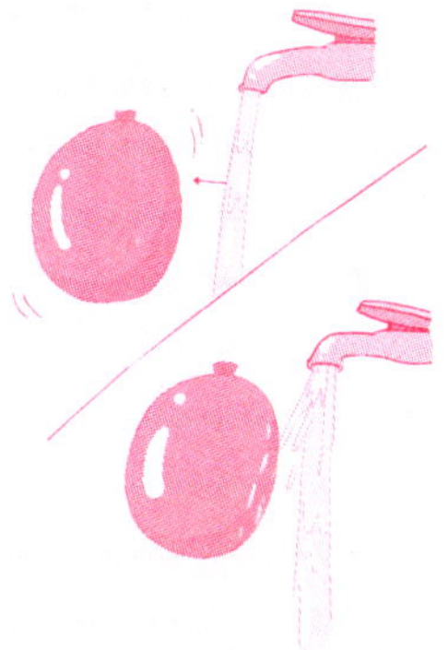

这是怎么回事：

原来当你摩擦气球时，也就是在使它从毛巾上产生的电荷，即带电粒子，转移到了气球上。于是，气球的表面布满了电子，正是这些越积越多的电子吸引了水滴。所以，你才会看到气球“喝水”的样子。

017 刺不碎的鸡蛋

昨天，我打算用一根长针刺穿鸡蛋，鸡蛋却没有破碎。好奇怪，鸡蛋壳明明很脆，为什么没有裂呢？

你需要：

1.一个生鸡蛋

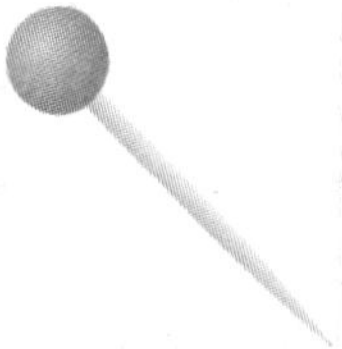

2.一枚长针

3.一卷胶带

快来玩玩看：

1.用胶带在鸡蛋中部绕上一个圈。

2.把长针从鸡蛋一边的有胶带处插进去，从另一边有胶带处穿出来。

3.仔细观察鸡蛋，发现鸡蛋虽然被刺穿了，但是并没有破碎。

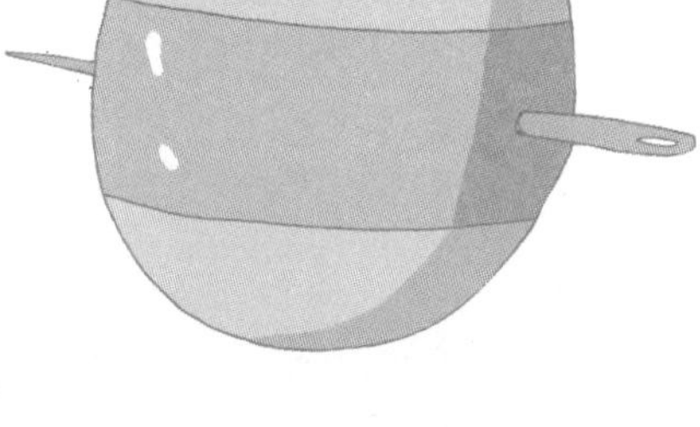

这是怎么回事：

这个刺不碎的鸡蛋与普通鸡蛋一样，关键在于它身上用胶带绕了一个圈。用长针刺穿鸡蛋时，一般蛋壳会产生龟裂，但是因为有胶带的张力保护，裂纹不会扩大．所以鸡蛋就不会碎裂。

018 折不断的火柴

一根火柴细细小小，轻轻一折就断了。可是有一种方法却再怎么使力气，都没办法折断它。这到底是什么办法呢？

你需要：

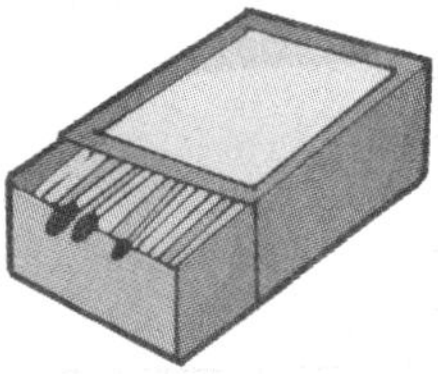

一根火柴棒

快来玩玩看：

1.把火柴棒横向放在中指第一个关节的背上，用食指和无名指各压一端向下压，中指向上抬。但拇指和小指不能来帮忙，也不能把手放在桌子上使劲，结果火柴折不断。

2.换个姿势。同样的规则，用中指往下压，食指和无名指往上抬，发现火柴棒还是没法折断。为什么这根小小的火柴棍折不断呢？

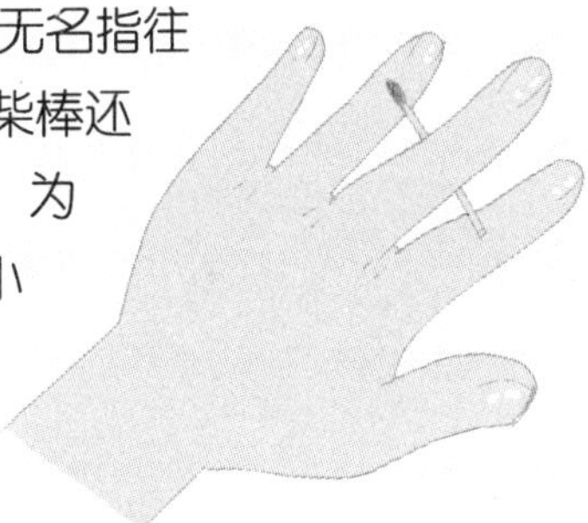

这是怎么回事：

游戏中折断火柴棒的支点就在手指关节与手掌的连接处。当你远距离施加力的时候，手指的力气太小，还不足以折断火柴。但是如果你把火柴移到靠近手掌的指关节，你会发现火柴很容易就被折断了，因为这时候手指头构成的这个杠杆已经有足够的力了。

019 摔不死的蚂蚁

伙伴们常说蚂蚁的力量非常大，我不相信，一只小小的蚂蚁会有什么力量呢？

你需要：

1．一只小蚂蚁

2．一张白纸

快来玩玩看：

1．在地上铺好白纸，然后把手里的小蚂蚁高高举起，用力摔在白纸上。（注意做这个动作时手力要轻，千万不要把小蚂蚁给捏死了哦！）

2．小蚂蚁落在白纸上后，仔细观察，你会发现小蚂蚁安然无恙，一点都没有受伤的痕迹。

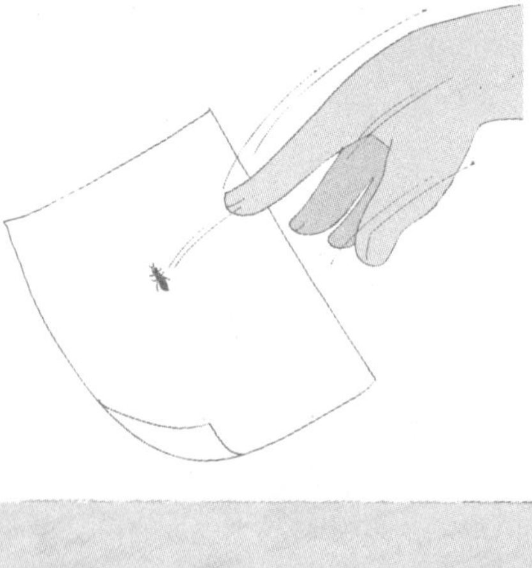

这是怎么回事：

小蚂蚁不怕摔，是因为小蚂蚁在下落过程中受到了空气阻力的作用。所有的物体下落时都会受到空气阻力的作用，物体越小，其表面积与重力的比值就越大，阻力越容易与重力平衡。对于小蚂蚁来说，其阻力与重力接近于平衡，所以小蚂蚁下落的速度很小，才不会被摔伤或摔死。

020 冰块来烧水

我们知道，水要通过火或其他燃料加热才能够沸腾，但是凉凉的冰块也能使水沸腾，这到底是怎么回事呢？

你需要：

1. 一个小锅

2. 一袋盐

3. 一个小口玻璃瓶

4. 若干碎冰

快来玩玩看：

1. 往小锅里倒入适量的水，在水里加盐并搅拌均匀，放在煤气上加热至沸腾。

2. 在瓶子里装半瓶水，把它浸在沸腾的盐水锅里，等水沸腾了，就把瓶子从锅里拿出来，迅速用瓶塞把瓶口塞住。

3. 把瓶子倒过来，等到瓶子里的水不再沸腾，再用沸水浇瓶子底，这时候水不会再沸腾起来了。

4. 这时你在瓶底放一些碎冰，你就可以看到水又在沸腾了。

这是怎么回事：

原来秘密在于冰把瓶壁冷却了，因此瓶里的蒸汽就凝成了水滴。同时瓶子在锅里沸腾的时候，瓶里的空气被赶出来了，所以现在瓶里的水受到的气压要比以前小很多。我们知道水在低气压的时候，沸点也会降低。因此在我们的这个瓶子里，虽然水开了，但是并不怎么烫手。

021 大硬币穿小洞

五角的硬币和一元的硬币比起来要小很多。但是，剪一个五角硬币大小的洞，一元硬币竟然也能穿过去。这是怎么回事呢？

你需要：

1. 一张纸

2. 一把剪刀

3. 一枚五毛的硬币

4. 一枚一元的硬币

快来玩玩看：

1. 在纸的中央剪一个五毛钱硬币大小的洞。

2. 将纸对折，折痕必须通过洞的直径。

3. 把一元的硬币丢向洞口，发现硬币无法下落。但如果将纸的两端朝中央靠拢时，一元的硬币就会从洞中下落。这是怎么回事呢？

这是怎么回事：

这里运用了拓扑学。拓扑学是解决物体表面问题的数学。将纸折叠并稍往中央靠拢，就可以把圆形变成椭圆形。椭圆类似于圆，它有一个长直径和短直径。所以一元硬币可以从椭圆长直径穿过去了。

022 神奇的麦比乌斯环

一张随处可见的纸也可以玩出新花样。快来一起玩玩吧！

你需要：

1. 一张纸

2. 一把剪刀

3. 一把直尺

4. 一支铅笔

5. 一瓶胶水

快来玩玩看：

1. 用直尺在纸上量出10厘米的长度，然后用剪刀把量好的纸条剪下来，将一端扭转180°，用胶水把纸两端粘在一起，形成一个环。

2. 用剪刀沿着纸环宽度的1/2处，这样就形成了一个两倍长度、转折2次的纸环。

3. 把转折1次的纸环从宽度为1/3处剪开，成三等份，想想会出现什么情况？

这是怎么回事：

这是有名的数学拓扑游戏。在19世纪时被一个德国数学家费迪南德·麦比乌斯首次发现，所以以他的名字命名为麦比乌斯环。它只有一个面，不分上下面，所以当你沿纸环的宽度为1/3处剪开，成三等份，会出现一个大环和1个小环套在一起。

023 奇怪的变脸游戏

我可以用纸张来变魔术，能让你的脸一半变黑一半变白，你是不是有点不敢相信？不信就试试吧。

你需要：

1.一张白纸

2.一张黑纸

3.一只手电筒

4.一面镜子

快来玩玩看：

1.找一个没有光线的房间，关上电灯、拉上窗帘。

2.坐到镜子前面，然后打开手电筒，并把手电筒放在脸的左边，让光照在你的鼻子上。

3.把黑纸放在脸的右边，正对着手电筒的光，可以看到镜子中你脸的右边几乎一片漆黑。

4.再把白纸放在脸的右边，从镜子中可以看到你脸的右边，好白呀！

这是怎么回事：

原来白纸能够反射光线。也就是说，当手电筒的光照过来时，它把光重新反射到了你的脸上，照亮了你靠近白纸的脸。而黑色的纸几乎不反射光线．它会吸收大部分的光。当手电筒的光照到你的鼻子上之后，被你的鼻子反射了回来。而照在黑纸上的光也无法反射回来。所以，除了鼻子，你脸上的右边部分还是一片漆黑。

024 谁把天空染蓝了？

晴朗的天气里，万里无云，天空蓝得可真漂亮啊！可是天空为什么是蓝色的呢？

你需要：

1.玻璃杯

2.少许牛奶

3.滴管

4.玻璃棒

5.手电筒

6.一张黑色的纸

快来玩玩看：

1.在玻璃杯里，灌大半杯水，用滴管滴一滴牛奶，并用玻璃棒将牛奶搅匀。

2.拿一只手电筒，用黑纸遮住手电筒的玻璃，在黑纸上挖一个孔，手电筒的光可以从小孔中射出去。

3.先把手电筒紧贴在玻璃杯的侧面，打开开关。你要从杯子另一个侧面看，也就是从光线垂直的方向进行观察，发现乳白色的溶液变成一片浅蓝色。

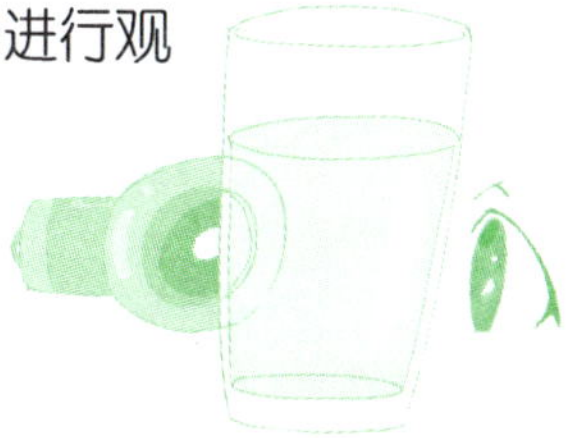

这是怎么回事：

蓝天是因为空气分子和其他微粒对入射的太阳光进行选择性散射的结果。散射强度与微粒大小有关。当太阳光进入大气后，空气分子和微粒会将太阳光向四周散射。波长较长的红光透射性最大，大部分能够直接透过大气中的微粒射向地面。而波长较短的蓝、紫光很容易散射。

025 魔力水柱

普通的水，却好像被施了魔力一样，有了神奇的力量，很奇怪吧！还是来动手试试看吧。

你需要：

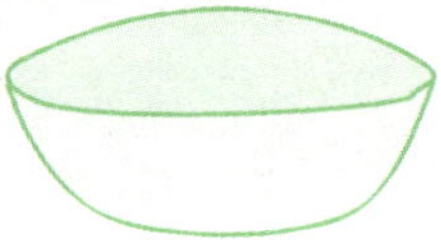

1.脸盆

2.乒乓球

3.水壶

快来玩玩看：

1.用水盆装上小半盆水，放一只乒乓球在水面上漂浮。

2.灌满一水壶凉水，对准乒乓球浇下去。

3.你会看到乒乓球被水流冲得不断在水面上“跳动”，它顶着水流始终在原地“跳动”，并没有被水挤到一边。

4.随着盆里水位的升高，乒乓球也慢慢地浮起，却仍然不离开冲击它的水柱。

这是怎么回事：

原来，当水流动的时候，球周围的空气压力变小。只要水流有变化，那么它周围的空气压力就会跟着发生变化，乒乓球在这种压力作用下不断地调节，始终保持在水柱底部中央，不被水柱冲走。

026 水点火

我们都知道水可以用来灭火，那么水又怎么能够点火呢？这是真的吗？我们还是试试看吧。

你需要：

1. 一只球形烧瓶

2. 一块纸板

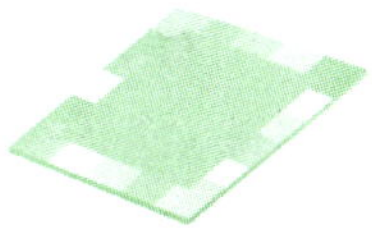

3. 几根火柴棒

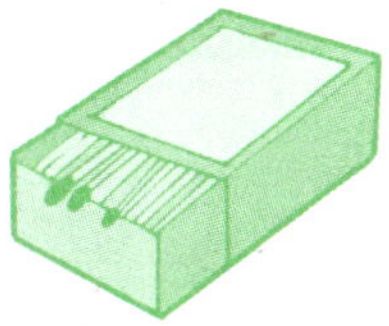

快来玩玩看：

1. 在球形烧瓶内装满水，然后放在太阳光下，使阳光透过烧瓶。

2. 把纸板平放在烧瓶下面，移动纸板，使光线在它上面汇聚出最清晰的亮点。

3. 把火柴头放在亮点上面，不要移动烧瓶，过一会儿，火柴就自己燃烧起来了。

这是怎么回事：

装了水的烧瓶可以看作是一个凸透镜，这个“凸透镜”能使光线形成一个交点，使其温度上升，最终点燃了火柴。

027 彩色的影子

你玩过手影游戏吗？你是不是发现物体的影子常常都是黑色或深灰色的。不过现在，我要教你玩一个彩色的影子游戏。

你需要：

1.40瓦的白炽灯

2.对开的白纸

3.8瓦的日光台灯

4.铅笔

5.红色玻璃纸

快来玩玩看：

1.晚上先在房间内点亮白炽灯，然后在灯下的桌子上铺一张白纸，在白纸上放一只8瓦日光台灯，使台灯离白纸约20～25厘米，白炽灯离白纸约1.5米。

2.将铅笔放在日光灯前离白纸3～5厘米处，铅笔与日光灯管平行。在两种白光照射下，我们看到铅笔的影子是黑色的。

3.关闭日光灯，取几张红色玻璃纸将灯管包起来。再接通电源，关闭白炽灯，在红光的照射下，此时铅笔在白纸上显示出黑影子。

4.打开白炽灯的电源开关，当白光照射到铅笔的影子时，你会发现原来黑色的铅笔影子竟变成了绿色。为什么原来黑色的影子会变成彩色呢？

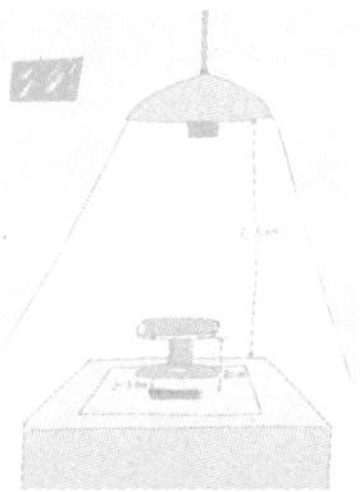

这是怎么回事：

在红光照射下，人眼睛中的锥体细胞对红色光会感到疲劳，明显降低分辨红色光的能力，对红色信号没有反应，但对绿色光显得特别敏感。因此当我们注视在红光照射下的铅笔影子时，在白光的大环境下，头脑中会感觉这铅笔的影子是绿色的，这是一种仅存在于大脑中的颜色意识，并且这种颜色一定为红色光的互补色——绿色光。同样，蓝色光的互补色是黄色光。

028 把照片印在苹果上

今天我和妈妈去买苹果，居然看到苹果上“印”有很多吉祥字。这到底是怎么做到的呢？

你需要：

1．一棵正在生长的苹果树

2．一个不透光的口袋

3．一张照片底片

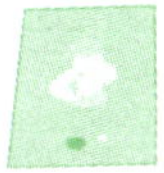

4．一个鸡蛋

5．一把剪刀

快来玩玩看：

1．在苹果树上选一个青苹果，用不透光的口袋封好。

2．一周后，将口袋拿掉，然后将你要用的照片底片糊上蛋清水粘贴到苹果上去。

3．将口袋按照底片的大小剪出一个方形的小孔，然后把口袋再套回去（小孔跟照片底片要重合）。再过一周取掉口袋，你的照片就清楚地印在苹果上了。

这是怎么回事：

苹果在它的成熟过程中，颜色逐渐从青色转为红色，而这个红色色素的形成，阳光起到很大的作用。把底片粘贴在苹果上，那么底片透明的部分就能接收到阳光，而底片不透明的部分就阻挡了阳光，这样就在苹果上留下了一个轮廓。

029 会跳舞的葡萄

你见过会跳舞的葡萄吗？葡萄怎么会跳舞呢？我可不是瞎说哦。

你需要：

1. 高玻璃杯（越高越好）

2. 汽水和水各一瓶

3. 几粒无疤痕的葡萄

快来玩玩看：

1. 往玻璃杯里倒入汽水和水各一半。

2. 把葡萄放入杯中，等待20分钟。

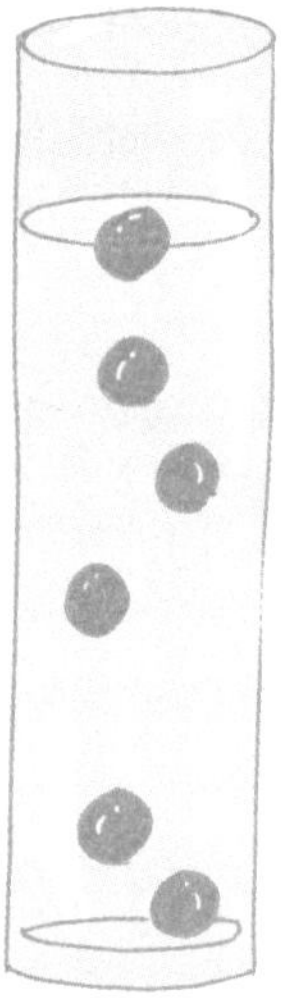

3. 20分钟后，沉在杯底的葡萄开始运动并浮上来。当沾满气泡的葡萄漂浮在水面上滴溜溜转动时，其表面气泡的数量慢慢减少，此时葡萄又开始沉下去。如果不挪动它，这样的沉浮可反复持续一天左右。

这是怎么回事：

其实，这是二氧化碳在起作用。汽水里溶解着二氧化碳，变为气体的二氧化碳气泡便附着在了葡萄粒表面，气泡附着得多的葡萄粒由于浮力增大，就浮了上来。但由于要到达水面，葡萄粒就得转动，这时二氧化碳气泡就会消失，所以葡萄粒再次沉了下去。

030 会飞的鱼

海里的飞鱼其实是一种能跃出海面的鱼，可是真的有会飞的鱼吗？

你需要：

1.一个气球

2.两根细绳

3.一支彩笔

4.一根吸管

5.两把椅子

快来玩玩看：

1.把气球口系上细绳，打上活结，以便于解开。

2.用彩笔在椭圆形的气球上画出一个鱼的形状。

3.将吸管用胶水固定在“鱼背”上，取一根长的细绳，穿过吸管，将细绳两端固定在两个椅子上，并拉直细绳。

4.将“鱼”拉到细绳的一端，松开活结，“鱼”就能沿着细绳飞快往前了，直到气球里的气体消光为止。

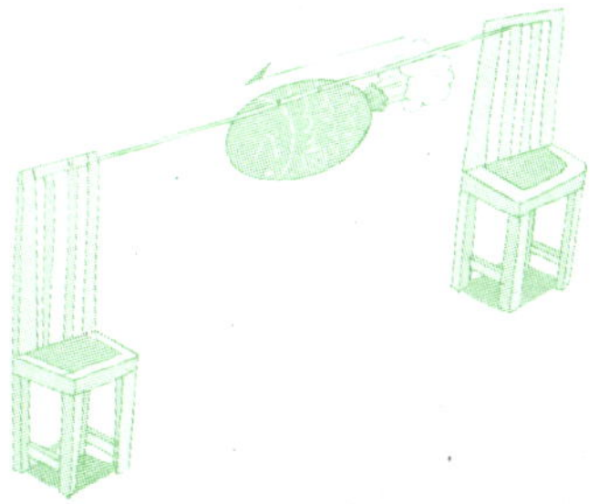

这是怎么回事：

这个游戏利用了气体喷出时产生的作用力和反作用力。松开活结，气球中的气体冲出，产生一定的作用力，同时产生反作用力，将气球往前推动。

031 遥控点蜡烛

蜡烛也能遥控点燃，真是太奇怪了！究竟是怎么回事呢？

你需要：

1. 一支蜡烛

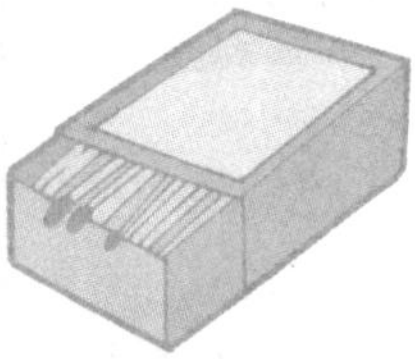

2. 一盒火柴

快来玩玩看：

1．点燃蜡烛，让它燃烧片刻，然后再把它吹灭。

2. 烛心冒出白色的烟雾，你在烟雾上方划着一根火柴，一股火苗会立即卷入烛心，重新点燃蜡烛。

这是怎么回事：

原来，蜡烛吹灭后，其中的蜡质还保持极高的温度，所以才以烟雾的形式散发出来。这股烟雾是可燃的，一有明火即可立即燃烧。这个游戏表明，固体遇高温会变成气体或液体。

032 橘子燃火花

小橘灯，大家肯定都玩过。但这里有一个比小橘灯更好玩的游戏，一起来玩一玩吧！

你需要：

1.一个橘子

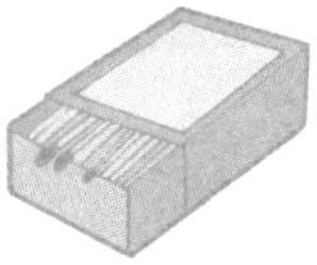

2.一盒火柴

3.一支蜡烛

快来玩玩看：

1.剥开橘子，留下橘子皮备用。

2.在一间黑暗的屋子里，点燃蜡烛，然后双手用力拧橘子皮，再将橘子皮靠近蜡烛火焰。结果，你不仅可以听见爆裂声，还可以看见漂亮的火花。

这是怎么回事：

橘皮之所以在燃烧中发出漂亮的火花，是因为它含有丰富的植物油，这种植物油具有很强的挥发性。当橘皮靠近蜡烛火焰时，植物油会猛烈燃烧，发出爆裂声，进而迸发出火花。

033 邮票背后的秘密

用过邮票的人可能知道，邮票不需要胶水，只需要用水稍微打湿，便可以牢固地粘贴在信封上，那你知道邮票背后的黏性物质是什么吗？

你需要：

1. 4～5张邮票

2. 少许碘水

3. 一根玻璃棒

4. 一个酒精灯

5. 20～25毫升的纯净水

6. 一个滴管和一个玻璃器皿

快来玩玩看：

1．把邮票放入器皿中，注入20～25毫升纯净水。把器皿用酒精灯加热，边加热边用玻璃棒在邮票背面反复搅动，直至溶液沸腾为止。

2. 待溶液冷却后，用滴管吸取2毫升邮票的浸渍液到玻璃棒里，滴入3～4滴碘水，试管内的液体就会显出紫色。这说明了什么问题呢？

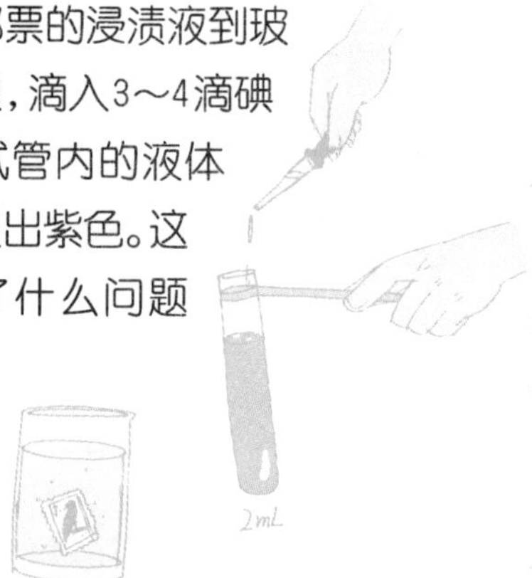

这是怎么回事：

因为邮票背面的胶状物质是糊精而不是糨糊。

糊精是淀粉水解的中间产物。由于糊精的溶解性比糨糊好，而且它具有良好的黏性，干后光洁度也很好，所以邮票背面的黏接剂通常用的是糊精而不是糨糊。同样的道理，在生活中制作糨糊时，我们可以将少量的面粉放在沸水中，用玻璃棒搅拌并煮沸一段时间，使淀粉水解充分一些，从而提高糨糊的质量。

034 雨衣的防水秘诀

我们都知道下雨天要用雨伞或者雨衣来避雨，那么，雨衣为什么能防水呢？

你需要：

1.一杯水

2.一件普通衣物

3.一件雨衣

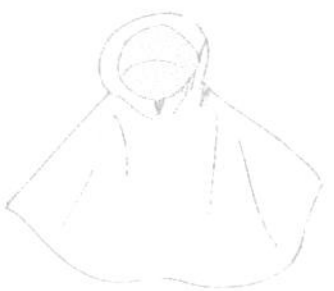

快来玩玩看：

拿一杯水，倒半杯到普通衣物上，水很快就渗入到衣物上去；用另外半杯水倒到雨衣上面去，水却顺着雨衣滑落下来。这是为什么呢？

这是怎么回事：

这是因为雨衣材料的特殊性，它是用防雨布（经过防水剂处理的普通棉布）制成的。防水剂是一种含有铝盐的石蜡乳化浆。石蜡乳化以后，变成细小的粒子，均匀地分布在棉布的纤维上。石蜡和水是合不来的，水碰见石蜡，就形成椭圆形水珠，在石蜡上面滚来滚去。可见，是石蜡起了防雨的作用。物理学上把这种不透水的现象，叫做“不浸润现象”。而水一旦遇到普通棉布，就通过纤维间的毛细管渗透进去，这就叫做“浸润现象”。

035 蒸不烂的黄豆

我国元朝的戏剧家关汉卿有句话说：“我是个蒸不烂、煮不熟、捶不扁、炒不爆、响当当的一粒铜豌豆。”其实黄豆有时候也是蒸不烂的。

你需要：

1.半截萝卜　2.半杯浓盐水

3.半杯清水　4.几颗黄豆

5.一根试管（可以用小锅代替）

6.一个酒精灯（可以用煤气灶代替）

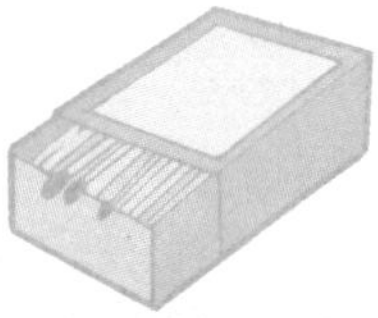

7.一盒火柴

快来玩玩看：

1.先把半截萝卜的中心挖掉一部分，再倒进一点浓盐水，过几小时，发现萝卜里的盐水多出来了，这是因为萝卜里的水渗透出来了。

2.用火柴点燃酒精灯，然后把盐水倒进试管中，再将几颗黄豆浸在盐水中。

3.用夹子架住试管放在酒精灯的火焰上烧，任凭你怎么煮，黄豆就是不会烂。这是为什么呢？

这是怎么回事：

干黄豆中，水分很少，我们可以把它看做是浓溶液。而黄豆外面的那层皮，相当于一个半透膜，当黄豆浸到清水中去煮的时候，就会发生渗透现象，结果是清水中的水分子，穿过黄豆皮进到了黄豆里面，使黄豆变胖了。再经过一段时间煮，黄豆的细胞被胀破，致使豆子煮烂。

036 消失的颜色

你会变魔术吗？在这个游戏中，我可以让很多种颜色变成一种颜色，你知道是怎么回事吗？

你需要：

1. 白纸板

2. 彩笔

3. 铅笔

4. 剪刀

快来玩玩看：

1. 把白纸板剪成一个直径为10厘米的圆盘，用彩笔按图画出鲜艳的颜色。

2. 把圆盘贴在用纸板做的半截线轴上，中间插入半截铅笔，让它旋转。

3. 这时你会发现，陀螺像被施了魔法一样，所有的色彩均消失不见，整个圆盘变成了灰白颜色的。

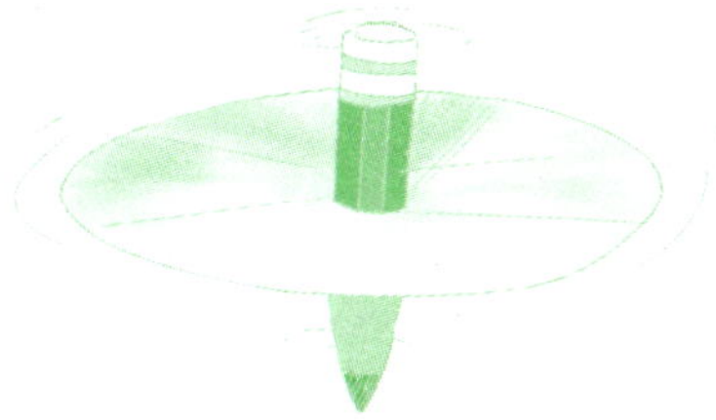

这是怎么回事：

原来，圆盘上的颜色和太阳光谱一致。圆盘旋转时，我们的眼睛在瞬间分别接受了各种颜色。但我们的眼睛适应于惯性，不可能跟上如此飞速变化的颜色，所以向大脑传递的信息，就只是白色或浅灰色。

037 奇妙的镜中世界

今天好朋友说我右额头长了一颗痣，可是我明明记得是在左边的呀，每天都照镜子，难道是我看错了？

你需要：

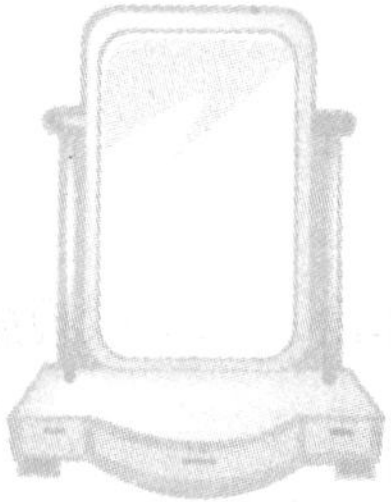

一面镜子

快来玩玩看：

1. 站在镜子面前，伸出你的左手，在镜子中就成了你的右手；伸出你的右手，在镜子中却成了你的左手。由此看来，镜子中的影像是左右颠倒的。

2. 躺在镜子前面，你会发现镜子中的影像并没有左右颠倒，你的头和脚的位置与你躺下的实际方向是一致的。这又是为什么呢？和第一步不是有点矛盾吗？

这是怎么回事：

判断左右是以人的视觉习惯而言的。实际上，视觉分辨左右和分辨上下所用的是不同的概念。镜子不仅变换了水平方向上的“左右”，其实也变换了垂直方向上的“左右”。假设向上的方向为右，向下的方向为左，那么你会发现，原本在腹部“右边”的头，在镜子中则变成了在腹部的“左边”。

038 变色的小球

你见过会变色的小球吗？我也没见过。我们还是一起来看吧。

你需要：

1.红、绿、蓝三种颜色的小球各一个

2.一个没有盖子的盒子

3.一块红色透明玻璃盖

4.一块蓝色透明玻璃盖

5.一块绿色透明玻璃盖

快来玩玩看：

1.把红、绿、蓝三种颜色的小球放在一个无盖的盒子里。

2.拿一块红色透明玻璃盖在盒子上，发现红色的小球变成了白色，而绿蓝两种颜色的小球变成了黑色。

3.去掉红色的透明玻璃，换一块蓝色的透明玻璃片，会发现蓝颜色的小球变成了白色，而红绿两种颜色的小球变成了黑色。

4.去掉蓝色的玻璃片，换上绿色的玻璃片，绿颜色的小球变成了白色，红蓝两种颜色的小球变成了黑色。

5.把三种颜色的玻璃片叠在一起放在盒子上，三个小球都变成了白色。

6.去掉三块玻璃片，红、蓝、绿三种颜色的小球又都出现了，它们都恢复了原来的本色。

这是怎么回事：

当白光投射到红色玻璃片上时，玻璃片反射了光谱中的一部分红光，而吸收了其他的光。所以透过红色的玻璃片看到的是红光。当红色的光线投射到红色的小球上时，大部分的光线被反射出来，看上去像是白色的。当红色的光投射到蓝色和绿色小球上时，几乎没有光被反射出来。所有的光都被吸收了，因而小球看上去是黑色的。其他玻璃片使小球的颜色改变是同样的道理。

039 走不直的路

笔直的道路和弯曲的道路理应是最容易区分的，可有时候却偏偏区分不开。这是怎么回事呢？

你需要：

1.一个饮料瓶

快来玩玩看：

1.手扶住摆放在地上的饮料瓶口，围绕它转三圈。

2.然后尝试向一个笔直的目标走去，保证你走错。（这是为什么呢？我明明一直想着要沿着笔直的方向走，可是却总是拐弯。）

这是怎么回事：

原来，这是你内耳平衡器官把你引入了歧途。当你的头部转圈时，内耳中的一种液体开始流动，使得耳内的茸毛倒伏，并把这个过程报告给大脑，它就会使你做出相反的运动来。如果你转得很快，并突然停了下来，液体将继续流动。即使你这时站直身体，大脑的反应仍然像你在旋转时一样，你会在目标前拐弯走到别处去。

040 帮光线转弯

光线都是沿着直线传播的，你知道怎么样才能帮光线转弯吗？

你需要：

1.盒子

2.毛笔

3.不会反光的黑色颜料

4.塑料管

5.橡皮泥

6.手电筒

7.挂有窗帘的屋子

快来玩玩看：

1.用毛笔蘸上黑色颜料，把盒子内外壁全部涂黑。

2.等颜料自然干燥后，在盒子的一侧穿一个小洞，然后插入一段塑料管。

3.把管子的一端留在外边一小截。如果这个洞没有完全堵住，可以在周围粘上橡皮泥，或使用其他方法不让光线入洞。

4.找一间屋子，拉上窗帘并且关上电灯。

5.打开手电筒，从外面的管子里向盒子里面照射，你就可以看到光线顺着弯曲的管子在发光。

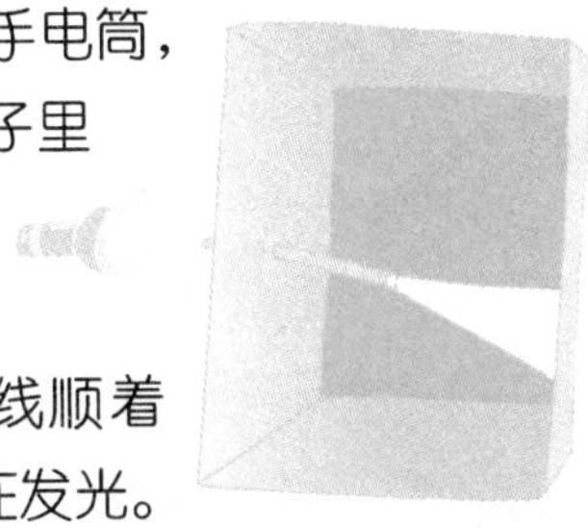

这是怎么回事：

这里利用了光线的全反射现象。光线从一种透明物质入射到另一种透明物质的过程中一部分光线会发生折射，而另一部分光线发生反射。入射角越大，折射角也越大。在这种情况下，折射角总是大于入射角。也就是说，当入射角到达一个角度的时候，折射角已经大于90°了，也就不再发生折射，所有的光线会全部反射。

041 谁吐的泡泡

妈妈刚刚才从外面买回来的一缸金鱼怎么总是在冒泡呢？难道水也会吐泡泡吗？

你需要：

1. 鱼缸

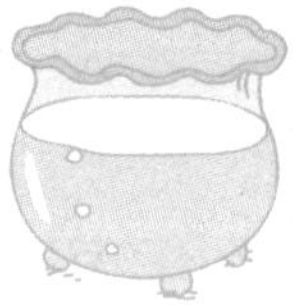

2. 两三条金鱼

3. 几束水草

快来玩玩看：

1. 先把金鱼放在鱼缸里，然后注入适量的水。

2. 把水草放入鱼缸，然后把鱼缸搬到有阳光照射的地方。

3. 过一小时后，再来观察，发现鱼缸总是冒泡。

4. 把水草拿掉，再放一小时，发现鱼缸已经没有泡泡了。

这是怎么回事：

无论是小河里的水草，还是家中鱼缸里的水草，它们总是时常地冒出些泡泡。原来，在阳光照射下，水草要进行光合作用，吸进二氧化碳和水，放出氧气。所以，我们看到的那些小泡泡，其实就是水草放出的氧气，不是水有问题。

042 核桃烤香菇

什么？核桃能烤香菇？真是太不可思议了。

你需要：

1. 两三个核桃

2. 一个香菇

3. 一把锤子

4. 一个平底锅

5. 两把金属叉子

6. 一盒火柴

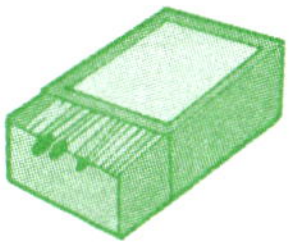

7. 一支蜡烛

快来玩玩看：

1. 用锤子把核桃砸出裂纹，然后将它固定在金属叉子的尖端。

2. 用火柴点燃蜡烛，把核桃放在火焰上，当核桃开始燃烧时吹熄蜡烛。

3. 将核桃放在平底锅的中心，等核桃火苗稳定后，用叉子插上香菇，放在燃烧的核桃上开始烤，直到烤熟为止。

这是怎么回事：

核桃之所以能燃烧，是因为核桃中油含量很高。当燃烧核桃时，其实燃烧的是核桃中的油，这些油就足以烤熟一个香菇。

043 变蝴蝶的毛毛虫

每当春天来临的时候，我们会在公园里的花丛中看到无数飞舞的美丽的蝴蝶，但蝴蝶是从小就那么美丽吗？

你需要：

1. 一个大纸盒

2. 一个小刷子

3. 一个大玻璃罐子

4. 一个小玻璃瓶

5. 一把锥子

6. 少许泥土和小石头

快来玩玩看：

1. 春天，邀上几个朋友到郊外找几只毛毛虫，轻轻地用刷子把它们刷到纸盒里。（记住：①不要让毛毛虫的毛接触到你的皮肤，因为有些毛毛虫的毛会让你的皮肤发痒、难受。②记住你是从什么植物上找到毛毛虫的，这种植物的叶子可能就是毛毛虫最喜欢吃的食物，以后每天就从这种植物上采摘新鲜叶子喂毛毛虫，直到它由虫变成蝴蝶。）在纸盒里铺满它们喜欢吃的叶子，然后带回家。

2. 在干净的玻璃罐底铺上土，放些小石头，再放入装好水的玻璃瓶，将叶子插入瓶里。

3. 把毛毛虫放进罐子里，用锥子在罐子盖上小心地扎几个眼，好让空气流通。

4. 每天给毛毛虫放一些新鲜的叶子，把它们放在阴凉的地方，你可以在那里观察它们进食和长大。最后它们会变成蛹，然后在蛹里变成一只蝴蝶飞了出来。这个由蛹变蝶的过程就叫蜕变。

这是怎么回事：

毛毛虫的蜕变过程分为五个过程：①罐子里的毛毛虫在吃叶子；②每只毛毛虫都能变成一只茧；③毛毛虫在茧里改变了形状；④再继续成长，蝴蝶就会飞出来；⑤然后，一只雌蝴蝶会和雄蝴蝶交配，接着在叶子上产卵。

044 蓝树叶

你见过几种颜色的树叶？绿色，红色，但肯定不会有人回答蓝色。可事实上真的有蓝色的树叶呢！这是怎么回事呢？

你需要：

1.一个装水的烧杯

2.一个盛有酒精的烧杯

3.一张锡箔纸　4.一盒火柴

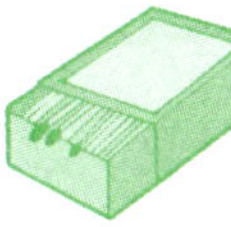

5.一片菜豆叶子

快来玩玩看：

1.先用锡箔纸将菜豆叶子包住。

2.在装水的烧杯中滴入几滴碘酒，备用。

3.过两三天后，摘下一片被包过的叶子，并做好标记。同时摘下另一片没有被包过的叶子，也同样做好标记。

4.点燃酒精灯，煮沸烧杯中的酒精。将两片叶子放入正在煮沸的酒精中，煮至叶片失去颜色。

5.从冷却的酒精中取出叶片，放入含碘酒的溶液里显色。过一段时间后取出叶片，用清水洗去残留液。结果发现：未经处理的叶片变成了蓝色，而包有锡箔纸的叶片不显蓝色。这是怎么回事呢？

这是怎么回事：

其实，这和叶片进行的光合作用有关。未经处理的叶片由于光合作用产生淀粉，淀粉遇到碘酒变成蓝色；而包有锡箔纸的叶片由于没有见到光，不能光合作用，也就不能产生淀粉。所以叶片不显蓝色。游戏中，把叶片放在酒精中煮，目的在于把叶片中的淀粉解析出来，让叶片变成蓝色。

045 弹珠向上冲

小弹珠，相信每个人都玩过，把它往地上一扔，被弹得很高。但如果把弹珠放到瓶子里会是什么样的呢？

你需要：

1. 两三个柠檬

2. 一台榨汁机

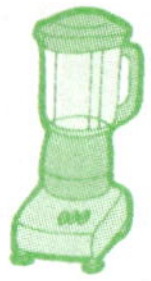

3. 两个玻璃杯

4. 小苏打粉

5. 一个空汽水瓶

6. 一颗弹珠

7. 糖少许

快来玩玩看：

1. 先将弹珠放入水中。

2. 把柠檬榨成汁，倒入空汽水瓶中，加些开水至八九分满，然后再酌量加些糖。

3. 将些许小苏打粉倒入瓶中，立即用瓶塞塞住瓶口，并把瓶子倒立，同时将瓶子上下摆动，然后把瓶子放正，发现弹珠被冲到紧闭的瓶口。这是为什么呢？

这是怎么回事：

弹珠之所以会被冲到紧闭的瓶口，是因为小苏打粉加入柠檬水时，产生化学反应，生成二氧化碳。而二氧化碳溶于水，产生气泡，所以小弹珠就被气泡“带”到了瓶口。

046 落下的硬币

我有一枚硬币被一根火柴牢牢地固定在瓶口，怎样才能不用手去碰硬币而让硬币自己落进瓶子里呢？

你需要：

1.一个酒瓶

2.一枚硬币

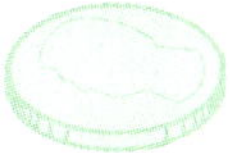

3.一根火柴

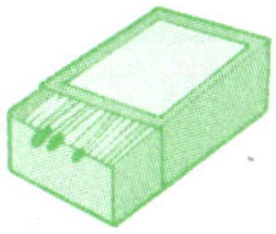

4.一小碗水

快来玩玩看：

1.把火柴从中间折弯，但是不能折断。

2.把这根被折成“V”字形的火柴架到一个酒瓶口上，然后在上面放上一枚硬币，硬币要比瓶口小。

3.把手伸进碗里蘸一点水，把水滴几滴在火柴折弯的地方。

4．过一会儿，这个被折弯的火柴就会“动”起来，“V”字形的口就会越张越大，随后，硬币就会掉进瓶中。

这是怎么回事：

火柴杆一般是用木材做的，木纤维遇水会膨胀，火柴折弯处有一部分并没有折断，这部分会膨胀得比较明显，火柴杆就会渐渐伸直，硬币自然就会掉进瓶中。

047 copy 彩画

好朋友有一幅漂亮的彩色画，自己也非常喜欢，但又不能据为己有。那该怎么办呢？这里教你一个好办法让你也拥有一副一模一样的彩色画。

你需要：

1.一幅彩色画 2.一张白纸

3.一块布条 4.一些松节油

5.一瓶洗洁精

快来玩玩看：

1.将水、松节油、洗洁精以2：1：1的比例调成溶剂，布条沾满溶剂，稍稍拧干，均匀涂抹在彩色画上面。

2.彩色画上覆盖白纸，压紧，画面上的图像就转移到了白纸上了。不过要注意的是，彩画必须是油墨印刷品（画册等），因为溶剂能溶解上面的油墨，用白纸覆盖，油墨重新被白纸吸附，这样就把彩画给转印过来了。

这是怎么回事：

游戏中起到溶解油墨作用的溶剂是松节油，洗洁精起到乳化和润滑的作用。因为松节油可溶解油墨的这种性质，所以我们平时衣服上不小心沾了油墨，很难去除，松节油可以帮你洗涤干净（可以加上等份的乙醚）。

048 肥皂水的秘密

肥皂在我们的生活中经常见到，它是我们生活的好帮手。但肥皂水还有一些你不知道的秘密呢！

你需要：

1.一个玻璃杯 2.一把小钳子

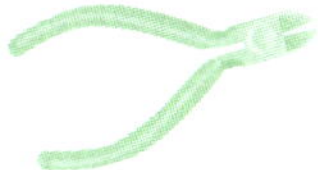

3.一个滴药管 4.一根针

5.肥皂液少许

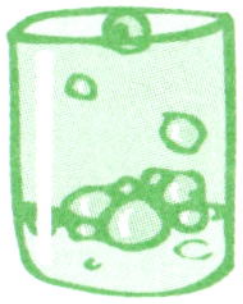

快来玩玩看：

1.在杯子里装一些水，用小钳子轻轻地把针放进杯子中的水面上。

2.用滴药管往水里加入肥皂液，一次加一滴，同时观察水里的针，你会发现一开始针会浮在水面上，加入几滴肥皂水之后，针就会沉下去了。这是为什么？

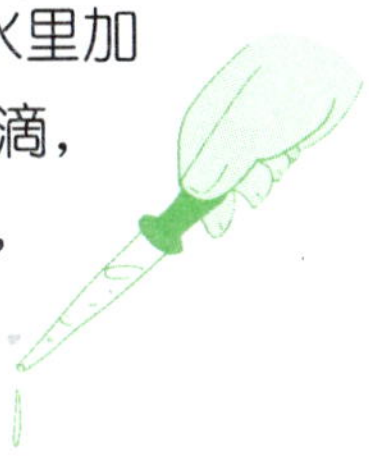

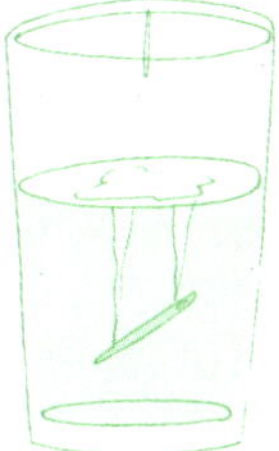

这是怎么回事：

如果你观察仔细的话，你就会发现针并不是完全漂浮在水面上，只是停在水的弹性表面上。当你滴入肥皂水时，肥皂水就会在水里散开，隔离水分子，减小了水的表面张力，也就是破坏了水的弹性表面，针因此就会下沉了。

049 回形针的奥秘

今天爸爸教给我一个很有趣的游戏，道具很简单，就是普通的回形针和纸张。

你需要：

1.两枚回形针

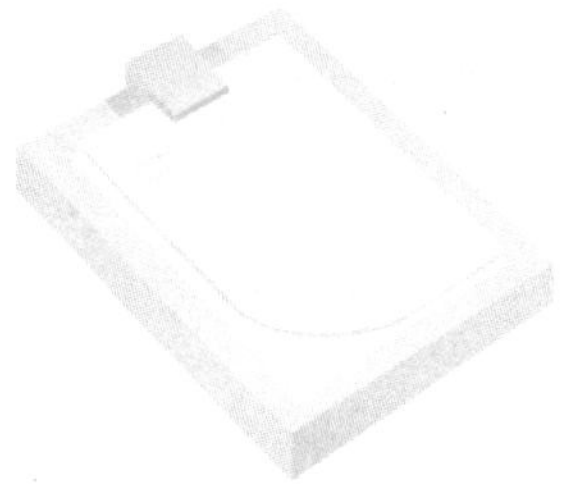

2.一张长方形的纸

快来玩玩看：

1.先把纸张折成“S”形。

2.然后用一枚回形针别住纸张中一个双层，再把纸张的另外两层用另一枚回形针别住。

3.用手抓住纸张的两端快速向外拉。结果，两枚回形针不再夹着纸张，而是跳出来，奇迹般地钩在一起了。

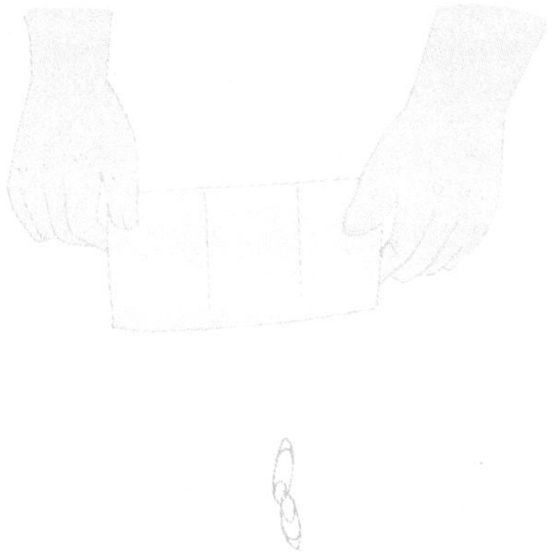

这是怎么回事：

这是曲度转移的拓扑现象。当纸张被拉直时，它折叠成的“S”形曲度被转移到回形针上。现在，我们再换一种方式，慢慢地向外拉动纸张时，会出现另外一种现象，有时候回形针会钩在一起。这就是回形针的奥秘。

050 相亲相爱的杯子

两个一模一样的玻璃杯，你能不用胶水就将它们粘在一起吗？

你需要：

1. 两个玻璃杯

2. 若干张纸

3. 一盒火柴

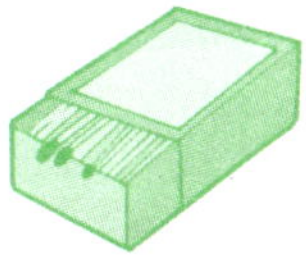

快来玩玩看：

1. 用火柴点燃纸张，然后迅速把它放进玻璃杯内，把另一个玻璃杯扣在上面，两杯杯口相对。

2. 等纸燃烧完了，拿起上面的杯子时，下面的杯子也被吸起来了，它们好像被粘在一起一样。

这是怎么回事：

原来纸张在瓶中燃烧的时候，瓶内气温升高。当另一只瓶子口口相对地堵住瓶口，外界的氧气无法补充瓶内，纸张就会因为缺氧而熄灭，温度降低。这时候瓶内的压强小于外界的大气压，这个压力差把两个瓶子紧紧地压在了一起。

051 不漏水的孔

如果瓶子上破了一个小孔，那么水很容易就会从孔中漏出来。可是这一次，果汁瓶上的小孔却不再漏水了。你知道这是怎么回事吗？

你需要：

1. 一个果汁瓶

2. 一个直径为3毫米的钉子

快来玩玩看：

1. 在一个果汁瓶盖上用一根直径3毫米的钉子打几个孔。

2. 瓶中灌满水后，把盖拧紧，用手捂住瓶盖。

3. 然后把瓶子倒过来，当你把手拿开的时候，瓶中的水却不流出来（最多有几滴）。

这是怎么回事：

水分子在瓶盖的小孔上互相吸引，形成水膜，覆盖了小孔，而致使水无法从小孔中滴落出来。不过如果进入了空气，水就很容易从瓶子中流出了。

052 水底火山爆发

你见过火山爆发吗？在电视画面中，不断冒出的浓烟和滚滚岩浆真是太壮观了。你想不想自己制作一个迷你的水底火山呢？

你需要：

1.一只大碗

2.热水和冷水

3.一盒红色的水彩颜料

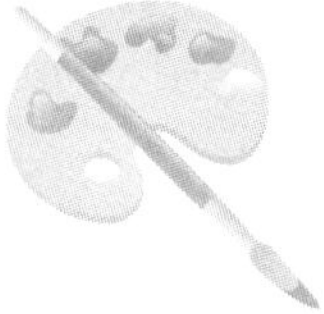

4.一个小玻璃瓶

5.一支毛笔

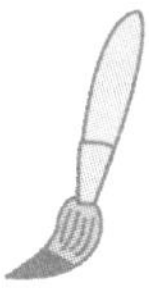

快来玩玩看：

1.在大碗里注入一大半的冷水，然后在小玻璃瓶里注入一大半的热水。

2.用毛笔蘸一些红色的水彩颜料，滴在小玻璃瓶的热水里。把小玻璃瓶迅速放入大碗的冷水里，让瓶子浸在水下。

3.这时你会发现，瓶子里面的热水一下子涌到了冷水的水面上，像炙热的火山熔浆一样。

这是怎么回事：

火山游戏是根据热胀冷缩的原理制作的。同质量的热水的体积比冷水大，因而密度就比冷水小。而密度小的液体一般会上升到密度大的液体之上。因此，小玻璃瓶中的热水因为密度小而迅速上升，而碗中的冷水因为密度大而下沉。这样，就形成了我们所见到的碗中水下火山喷发的景象。

053 被吃掉的光线

光线也会被“吃”掉。这可真奇怪，难道光线也能“吃”吗？这是怎么一回事呢？

你需要：

1.一只手电筒　2.一个陶瓷杯

3.一个装水的玻璃杯

4.一片玻璃　5.一张透明纸

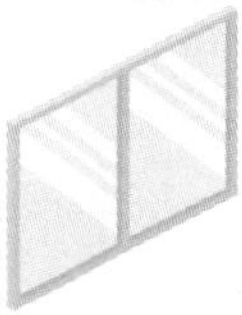

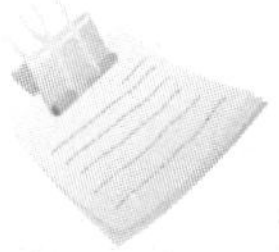

快来玩玩看：

1.找一个有白色墙壁的屋子，关上灯，拉好窗帘，确保屋子里没有光线。

2.把陶瓷杯、玻璃杯、玻璃片和透明纸都放在白色墙壁的前面。

3.打开手电筒，然后让手电筒的光对准陶瓷杯等照射。

4.在墙上仔细观察这物体，发现陶瓷杯后面的墙上出现了一团阴影，光被完全“吃”掉了。玻璃杯、玻璃片和透明纸背后的墙上有淡淡的影子，好像光线被“吃”掉了一部分。

这是怎么回事：

光线是沿直线传播的，陶瓷等物质会阻碍光的传播，光射在这些材料制成的物体上面会被反射回来，所以光不能穿透陶瓷等物质。因此，当光照在陶瓷杯子上时，杯子的后面没有光线，只呈现出一团阴影。而光是能够穿透玻璃、透明纸等物质的，不过在穿过这些物质时，光会失去一部分光能，从而使得光能减少，亮度变小。因此，光照在玻璃杯、玻璃片和透明纸上时，墙面上呈现出淡淡的影子。

054 气球长“耳朵”

五颜六色的气球是我们最常玩的东西，但是你玩的气球会自己长出“耳朵“吗？一起来试一试吧。

你需要：

1. 一个气球

2. 一根细绳

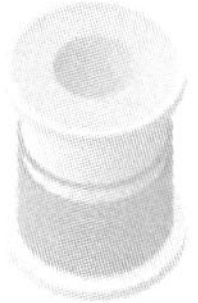

3. 两个小玻璃杯

4. 两盆水
一盆热水
一盆冷水

快来玩玩看：

1. 准备一个小气球，吹满气，将口紧紧绑住。

2. 取两个小玻璃杯，在两个杯子中加满热水，提升玻璃杯温度，然后倒掉热水，迅速将玻璃杯口贴在气球两侧，形成气球的两只“耳朵”。

3. 取一杯凉水，浇在两个温热的玻璃杯外边，让其降温。此时一边的“耳朵”竖直提起，另一边的“耳朵”也紧紧贴在气球上面。

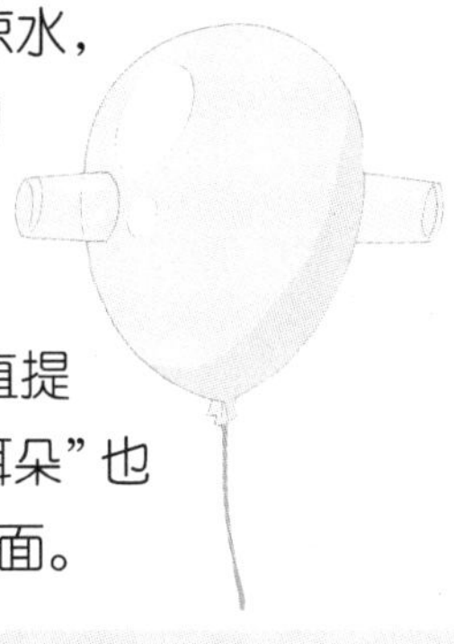

这是怎么回事：

这个游戏的奥秘在于内外的大气压强不一样。给玻璃杯加热水，使玻璃杯的温度提升，玻璃杯内的空气也就热了起来。这个时候迅速将杯口扣在气球上，再用凉水给它们降温，致使玻璃杯内的空气因为变凉而发生了体积收缩，杯内的气压变低。而此时贴附着的气球因为没有受到干扰，一直保持着稳定的内部气压，这样与玻璃杯内的大气产生了气压差，因而紧靠杯口的那一部分气球被压进杯内去。

055 水滴放大镜

你知道吗？小小的水滴也有着放大镜的作用。只要做一个小试验，你就能发现其中的奥妙了。

你需要：

1.硬纸片

2.透明薄膜

3.胶带

4.小花

5.手电筒

快来玩玩看：

1．在硬纸片的中间钻一个小孔，把透明薄膜盖在小孔上。

2．用胶带把薄膜的四个角固定在硬纸板上。小心地在薄膜上滴上几滴水，这样，一个简单的水滴放大镜就制成了。

3．在纸片下面放一朵小花，将纸片侧边折叠，与花朵保持一定距离，不要完全覆盖在上面。

4．打开手电筒，光线对准水滴，观察图像，你就能发现花朵被放大了。

这是怎么回事：

水滴滴在薄膜上，中间厚，四周薄，就形成了一个凸透镜。把这个凸透镜放在书上，因为距离书很近，因而它的物距就会小于它的焦距，根据凸透镜成像原理。此时就会在同侧成放大的正立的虚像。因而，我们用这个凸透镜来看书本上的字时，这个凸透镜就像一个放大镜一样，将书上的字放大了。

056 迷你瀑布

你见过瀑布吗？一道长长的水帘，从悬崖飞流直下，多么壮观，多么美丽。让我们来自己制作一个迷你的瀑布吧。

你需要：

1.一个空塑料瓶

2.一个尖头钉

3.一卷透明胶

快来玩玩看：

1.用尖头钉在塑料瓶四个高度不同的位置上个钻一个洞。

2.用透明胶带小心地把洞口封住。

3.在塑料瓶中装满水。

4.撕下洞口上面的透明胶带。

5.你会看到每个洞口都会溅出一股水柱，但是强度各不一样，最下面的洞口出来的水柱溅得最远，最上面的洞口出来的水柱溅得最近。

这是怎么回事：

由于较低水层的水压高于较高水层的水压，所以下面水层的水柱射出的速度要比上层的水大些，射的也要远一些。

057 纸人倒不下

剪下一个小纸人，可是怎么样才能让它站立在瓶盖上不倒下呢？这真的能办到吗？

你需要：

1.硬纸板

2.笔

3.剪刀

4.强力胶

5.图钉

6.橡皮泥

7.塑料瓶

8.十厘米左右的铁丝

快来玩玩看：

1.先用笔在硬板纸画出一个卡通人的模样（注意卡通人是左右对称的），然后用剪刀照轮廓把它剪下来。

2.用强力胶将卡通人固定在一枚图钉上。

3.把铁丝向下弯成一段弧形，将纸人粘在弧形铁丝的中端。两端的铁丝一定要保持一样的长度，这样才能保持平衡。

4.捏两个大小相同的橡皮泥，固定在铁丝的两端。

5.往塑料瓶里装上水（起固定底座的作用），拧上瓶盖。

6.以卡通人下端的图钉做基点，将纸人放到瓶盖之上。我们发现，晃晃悠悠之后，卡通人就能稳稳地站在瓶盖上面了。

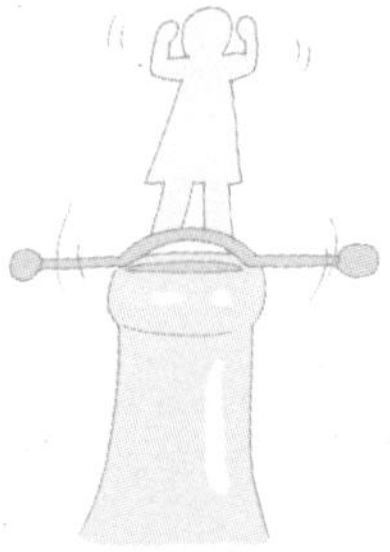

这是怎么回事：

我们知道，所有物体都要受到地心引力，其引力大小跟物体本身的质量有关系。在这个游戏中，质量最重的是两块橡皮泥，同时因为铁丝向下弯成一定的弧度，而橡皮泥悬在下垂的铁丝两端，造成橡皮泥的重心很低，从而使得卡通人有了比较低的重心，而且重心两边保持对称，所以卡通人能够平衡站立。

058 跳舞鸡蛋

鸡蛋也能跳舞吗？不可能吧！鸡蛋如果能跳舞那就摔坏了。这到底是怎么回事呢？

你需要：

1.一个鸡蛋

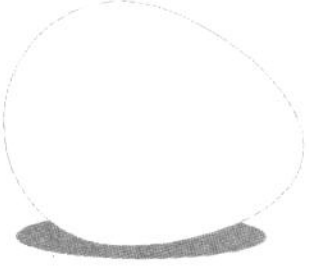

2.一瓶白醋

3.一个玻璃杯

快来玩玩看：

1.将白醋倒入玻璃杯内。

2.把鸡蛋放入杯中。

3.仔细观察，可以看到刚开始的时候鸡蛋是沉在杯底的，可是过了一会儿，鸡蛋周围会产生许多小气泡，这些气泡伴着鸡蛋旋转上升，好像在跳舞一样。

白 醋

这是怎么回事：

鸡蛋的平均密度大于醋的密度，所以一开始鸡蛋会沉底。可是，过了一段时间后，蛋壳里的碳酸钙与醋酸发生反应，释放出二氧化碳，蛋壳附近产生的不少小气泡，就是二氧化碳气体。生成的醋酸钙溶解能力强于碳酸钙的溶解能力，这使得鸡蛋的密度小于醋的密度，于是鸡蛋漂浮起来。这些二氧化碳气泡不断破裂，使鸡蛋缓缓地旋转起来。

059 消失的液体

什么？液体也会消失？这到底是怎么回事？

你需要：

1. 两个透明玻璃杯

2. 少许酒精

3. 一把勺子

快来玩玩看：

1. 在其中一个玻璃杯里放两勺水，在另外一个玻璃杯里放一勺水一勺酒精。

2. 观察两个玻璃杯里液体的高度，你会发现，一勺水加一勺酒精的杯子里的液体没有放两勺水的杯子里的液体高度高。

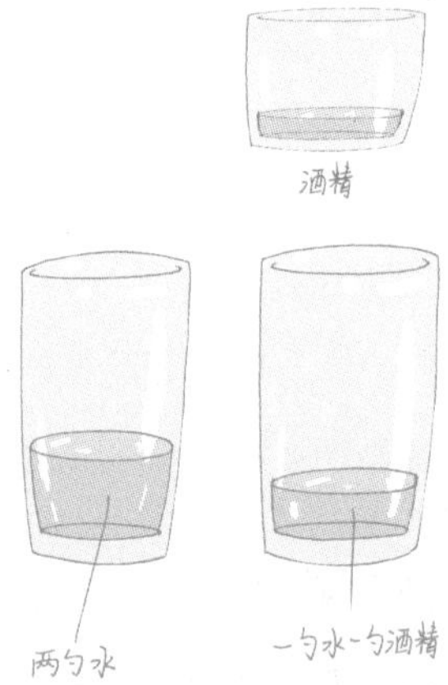

这是怎么回事：

每种东西中都有一定的间隙，水分子之间的间隙是一样的，所以，两勺水的高度不变。而水和酒精融合在一起时，水分子会填满酒精分子之间的空隙，所以溶液的体积比两勺水的体积要小。

060 热气的影子

我们都知道物体有影子，那么热气有影子吗？

你需要：

1.一根蜡烛

2.一盒火柴

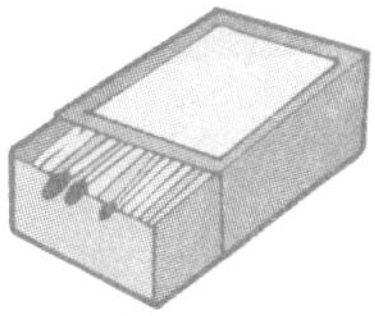

快来玩玩看：

1.点燃蜡烛放在桌子上，调整蜡烛和墙壁之间的距离。

2.蜡烛的影像投射在墙壁上，仔细观察，你就会看到热气的影子。

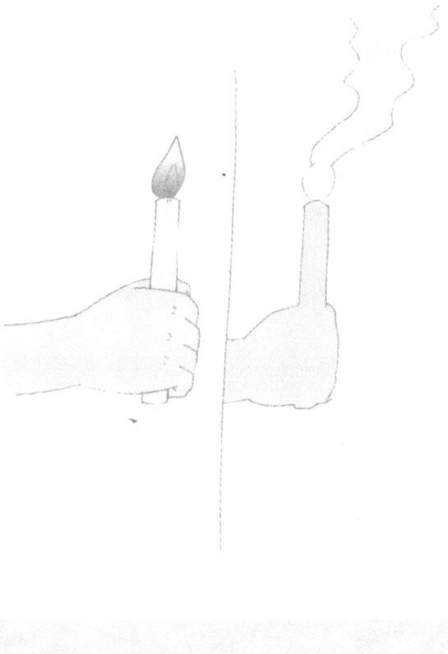

这是怎么回事：

就蜡烛来讲，热气的上升是看不见的，但蜡烛燃烧产生的热气中含有水蒸气，我们可以利用投影看到水蒸气的影子。因为生成的水蒸气在上升的过程中，会挡住光线前进的方向，于是，我们可以看到蜡烛燃烧的过程中产生的水蒸气的影子。

061 声音要逃跑

同一种物体，它的声音也不是完全不变的，有些声音是会逃跑的。这是真的吗？

你需要：

1. 一个广口瓶

2. 一根铁丝

3. 两个小铃铛

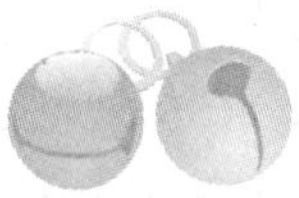

4. 一根蜡烛

5. 一些长纸条

6. 一盒火柴

快来玩玩看：

1.在广口瓶的瓶盖上打一个孔，穿过铁丝，铁丝上拴住两个小铃铛。

2.将广口瓶盖上盖子，这样两个小铃铛就放进瓶子中去了。摇晃一下，能听到小铃铛发出的清脆声音。

3.再打开盖子，找一节蜡烛和一些稍微长一点的纸条，用蜡烛点燃这些纸条，马上将燃烧着的纸条投到瓶子中去，迅速盖上盖子。

4．等瓶子中的纸条燃尽之后，再摇晃铃铛，发现小铃铛发出的声音变小了很多。这是为什么呢？难道声音逃跑了吗？

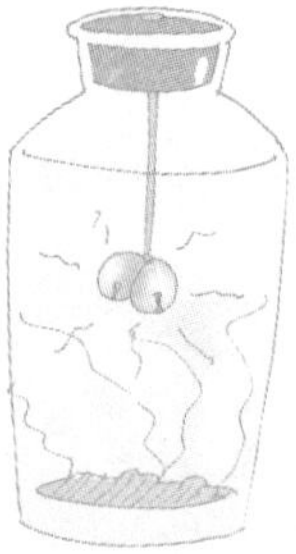

这是怎么回事：

刚开始，我们能听到铃铛的声音，是声音能通过瓶内的空气以及玻璃瓶传播出来的。声音的传播需要介质，空气是一种最常见的声音传播介质。而当把点燃的纸条投到瓶子里时，瓶子空气受热膨胀溢出一部分，同时燃烧也消耗掉瓶子中的一些氧气，空气减少，而且瓶子盖上了盖子，无法从外界补充空气进来，声音的传播就受到了影响，就变得小多了。

062 发光的萤火虫

夏天的晚上，经常能见到一闪一闪的萤火虫在周围飞来飞去。萤火虫为什么会发光呢？

你需要：

1. 捕虫网

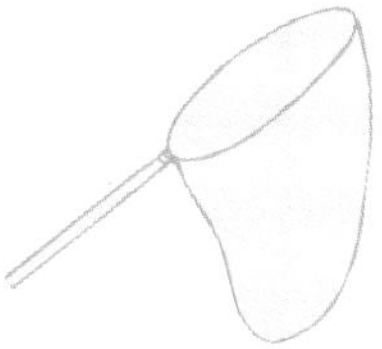

2. 带盖小桶

快来玩玩看：

在一个晴朗的夏夜，伸出你的手捕捉几只萤火虫，仔细观察它们为什么会发出一闪一闪的光。

这是怎么回事：

萤火虫的发光器位于腹部，从外表看只是一层银灰色的透明薄膜。这个发光器由发光层、透明层和反射层三部分组成。发光层拥有几千个发光细胞，它们都含有荧光素和荧光酶两种物质。在荧光酶的作用下，荧光素在细胞内水分的作用下，与呼吸进来的氧气发生氧化反应，发出荧光。萤火虫的发光，实质上是把化学能转变成光能的过程。由于萤火虫有着不同的呼吸节律，便会形成一闪一闪的闪光灯。

063 风筝的尾巴

阳春三月，大家都争先恐后地向蓝天展示着自己的风筝。可是每个风筝都有一个“尾巴”，这是为什么呢？

你需要：

1. 一卷透明胶

2. 一把剪刀

3. 彩色纸若干

4. 棉线若干根

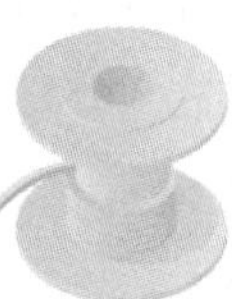

快来玩玩看：

1. 先用剪刀把纸剪成15 × 25厘米大小，再用透明胶把棉线粘贴在纸张一端的中央，做成一个没有尾巴的风筝。握住手中的棉线在空中挥动，发现风筝上下摇摆不定。

2. 用剪刀剪两条长约30厘米，宽约3厘米的纸条，用透明胶将其固定在风筝的末端，再挥动风筝，发现风筝平稳地摆动。为什么前后有两种不同的效果呢？

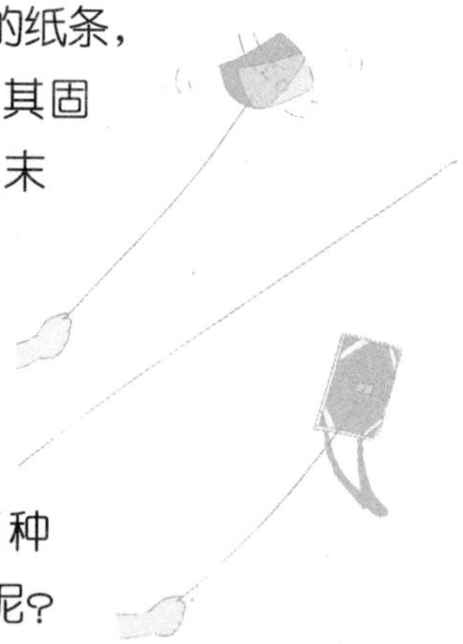

这是怎么回事：

风筝的尾巴是使风筝保持平衡的重要工具。当风筝乘风而上时，如果一侧较重，风筝就会偏向这边，而尾巴越长，就越容易使风筝的头部升起，使风筝全面受风，平衡了倾斜的一侧。因此，加上纸条做尾巴后，风筝就能更加稳定地飞扬了。

064 猜硬币游戏

猜硬币的游戏，大家都玩过。不过，这次的游戏可不单单考你的判断力和运气，还会考验你的运算能力和数学知识呢！

你需要：

1. 五角的硬币

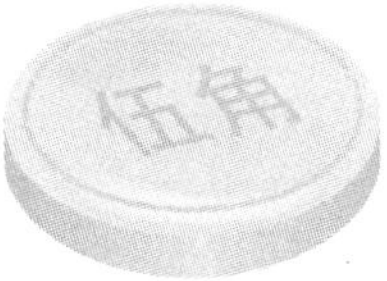

2. 一元的硬币

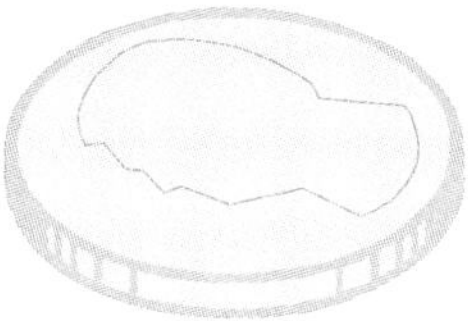

快来玩玩看：

1. 邀请你的伙伴和你一起玩这个游戏。首先让他把两枚硬币握在掌心里，一手握一个。

2. 请你的伙伴用其中一个硬币的面值（五角的以5计算，一元的以10计算）乘以1、3、5、7等任意一个单数，然后让他把左右两边所得的两个乘积是单数还是双数告诉你。

3. 如果你的伙伴告诉你，他的右手所得到的乘积是一个双数，而他的左手所得到的乘积是一个单数的话，你就可以很快猜出他的右手中握的是一元硬币，而左手中握的是一个五角的硬币。这是为什么呢？

这是怎么回事：

在数学中，有一个永远不变的规律，那就是：单数和单数的乘积永远是单数，单数和双数的乘积永远是双数，双数和双数的乘积永远是双数。游戏中，5是单数，10是双数，两个数字乘以一个单数，结果是单数的那只手肯定握着五角的硬币，结果是双数的那只手肯定握着一元的硬币。

065 废纸制小碗

过期的报纸杂志、画坏了的画，你会统统卖给回收站吗?其实它们还有其他的功用，快来动手增添你的乐趣吧!

你需要:

1.半碗面粉

2.一个气球

3.一根细线

4.一个塑料盖

5.几张废旧的报纸

快来玩玩看:

1.往装有面粉的碗里加水，边加水边搅拌，混合成糊状。

2.将废纸裁成长条，浸入面浆之中备用。气球吹好，扎紧口。

3.从气球的中部开始，将面浆纸一条一条裹住气球，直至底部。

4.将裹有面浆纸的一端放置在塑料盖里，用比较多的面浆纸裹住气球和塑料盖，做成平稳的底。

5.将气球放置一个晚上，扎好的气球口朝上(有利于气球缓慢漏气变小，容易取出)。第二天可以将气球取出，一个碗的模型就做好了。你可以给它涂上自己喜欢的颜料颜色，最好再刷上一层清漆作保护。一个纸碗就做好了，不过千万不可盛放湿的东西，可以把它当成一个收纳盒使用。

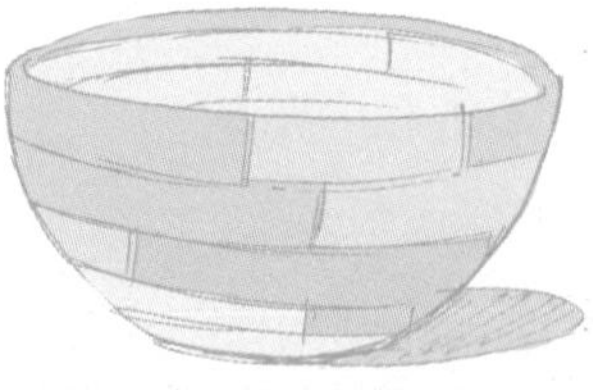

这是怎么回事:

面糊能够填满纸的木纤维间隙，面糊干结后，因此变得结实坚硬，但是如果遇到水就会化解面糊，所以它只能盛放干的物品。

066 坚硬的蛋壳

用一只手捏什么更容易捏碎？是核桃，还是鸡蛋？这个问题我想了很久也没想出来。

你需要：

1. 一个鸡蛋

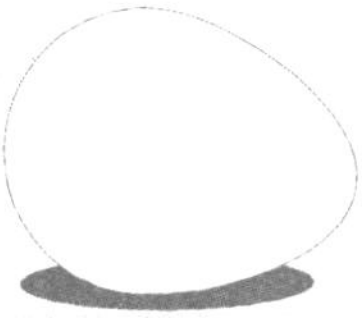

2. 两个核桃

快来玩玩看：

1. 你先试一试把两个核桃握在手里用力捏，会发现在两个核桃接触的地方有小裂纹。

2. 现在你再握住一只生鸡蛋（注意鸡蛋壳必须是完整的。为安全起见，你可以把手放入一只塑料袋中），然后用最大的力气去握那只蛋，你会发现鸡蛋纹丝不动。（这不可能呀？鸡蛋壳怎么会比核桃壳还要坚固呢？）

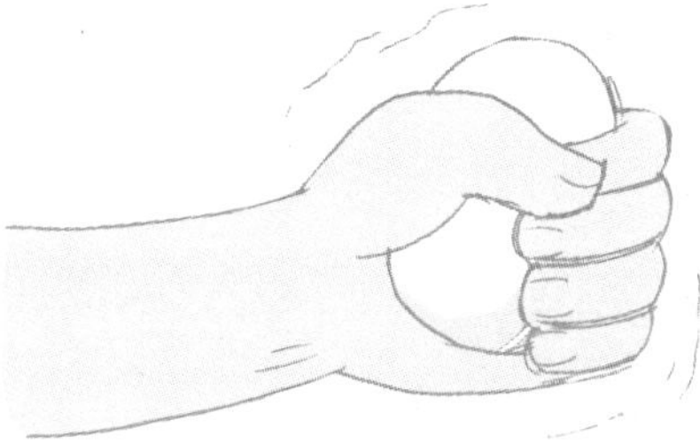

这是怎么回事：

核桃的外壳会很容易破碎，是因为手的力集中到了两个核桃接触的地方。而你握住一只没有破裂的生鸡蛋时，手的力平均分散到了鸡蛋的各个方面，是不能把鸡蛋捏碎的。

067 罐头电话

电话现在已经成了我们生活中不可缺少的通讯工具了。但电话为什么能通话？

你需要：

1.两个金属罐

2.一根细绳

快来玩玩看：

1.在两个金属罐的底部钻一个小孔，孔的大小能让细绳穿过。

2.细绳穿过底部的小孔，将两个金属罐连接在一起(细绳两端分别打上结，要大于孔眼，以免细绳被带出罐外)，细绳的长度取决于你和朋友之间的距离。

3.制作完成，现在你和朋友一人一个金属罐，拉直细绳就可以进行对话了，但注意讲话的时候要靠近金属罐，细绳不要碰到别的东西，否则声音可能会传播到别的地方去，影响效果。

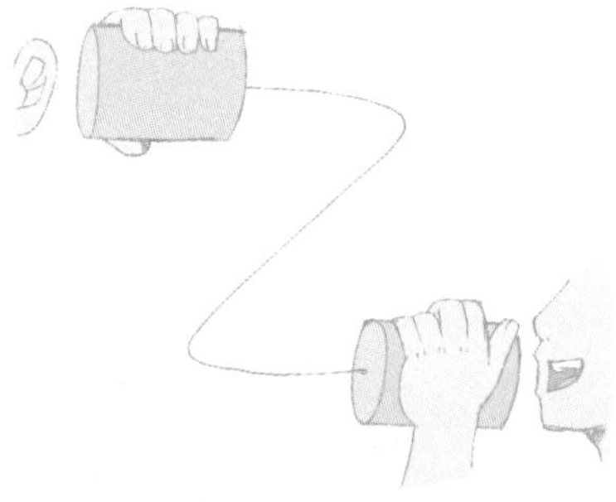

这是怎么回事：

我们都知道声音是通过介质传播的，而且在固体中的传播速度比较快。当你对着金属罐讲话的时候，声音经由金属罐传递到细绳上去(此时你触摸细绳就会发现有轻微的振动)，再沿着细绳朝前传播，最后到达另一端的铁罐，就传到你朋友的耳朵里。

068 牛奶玩具

你相信用液体的牛奶可以制作出塑料质地的制品吗？

你需要：

1．一包 500 毫升的牛奶

2．一口锅　3．一汤匙食醋

4．一只旧长丝袜

5．一个塑料汤匙

快来玩玩看：

1．把牛奶全部倒入锅里加热，在沸腾之前把火熄灭。

2．在牛奶中加入一汤匙食醋，均匀搅拌后加以冷却。

3．牛奶冷却到白胶状时，用旧长丝袜盖住器皿做筛子，过滤冷却好的牛奶。

4．把过滤出来的物质用塑料汤匙弄平，制成你喜欢的形状，放置几天（要放足够的时间）。

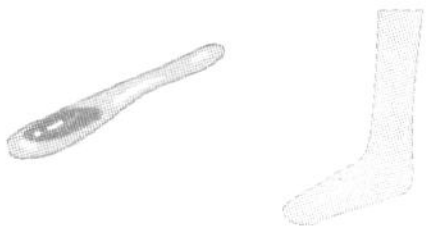

5．几天之后，这个牛奶制品就变得坚硬。这个制品就是用如同塑料成分的物质制成的。

这是怎么回事：

在牛奶中的固体颗粒非常均匀地扩散在全部液体中，食醋使漂浮在牛奶中的不溶解小颗粒凝结成叫“凝乳”的固体块儿，其余液体部分被称之为“乳浆”。塑料是用含在石油里的有机化合物制成的。我们能够用牛奶制成塑料也是由于牛奶中含有有机化合物的缘故。

069 鸡蛋不倒翁

怎样用一个鸡蛋做不倒翁，你能告诉我吗？

你需要：

1.小锥子

2.蜡烛屑

3.两个生鸡蛋

4.热水

5.沙子

6.吸管

7.纸

8.彩笔

快来玩玩看：

1.用小锥子在鸡蛋较尖的一端轻轻地戳个小洞。

2.将吸管插进鸡蛋里面，把蛋黄和蛋清吸出来，再用清水洗净蛋壳晾干。

3.在蛋壳里加进一些沙子，然后用纸将小洞堵住。

4.将另外一个鸡蛋壳里面装上一些蜡烛屑，封上小洞之后，将鸡蛋壳在热水中加热，等蜡化掉之后，把蛋壳拿出热水冷却。

5.在两个鸡蛋壳的外面画上一个不倒翁的形象。

6.把两个不倒翁放在桌子上面，你会发现装有蜡烛屑的不倒翁才是真正的不倒翁。

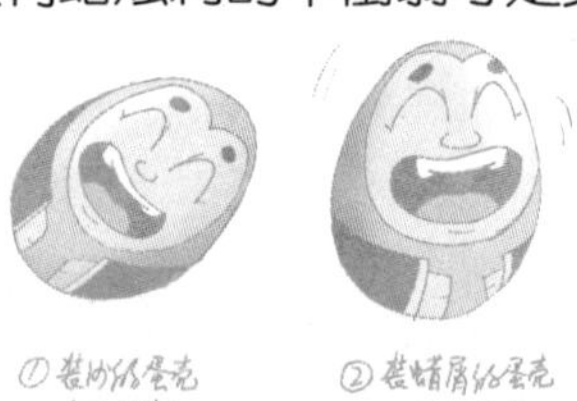

① 装沙的蛋壳（不稳定）　② 装蜡屑的蛋壳（稳定）

这是怎么回事：

不倒翁是利用物体稳定的重心来保持平衡的。在这个游戏里，装了蜡烛屑的不倒翁中的蜡在底端凝固，使得不倒翁的重心被固定在底端中央，所以不管怎么推动蛋壳，都会恢复到原来的平衡状态。但是另外一个蛋壳中的沙随着蛋壳摇动而四处流动，使得蛋壳的重心并不稳定，所以它可能停在任意的地方，因此也就不能称之为不倒翁了。

070 叶片上的留影

把自己的剪影留在叶片上，再镶入镜框里制成精美的工艺品，挂在卧室或放置在写字台上，将是一件十分惬意的事情。

你需要：

1. 从天竺葵等大叶植株上选一片叶形较好的叶子

2. 准备两张不透光的剪影

3. 一根曲别针

4. 镊子和剪刀各一把

5. 一个烧杯　6. 少许碘酒

快来玩玩看：

1. 第一天晚上，将选定的叶片夹在两张上下对齐的剪影中间，用曲别针固定。

2. 等到第二天，将它放在阳光下（或灯光下）照射几个小时后，取下剪影和剪下叶片。

3. 先把叶片浸没在装有酒精的烧杯里，再把烧杯放在盛有热水的盆里（注意：不能让热水进入烧杯里）。

4. 用镊子翻动叶片，当叶片变成黄白色时，取出来用清水冲洗一下，再倒一些碘酒在叶片上，过几分钟后用清水洗掉碘酒。此时，一张精美的叶片留影就做好了。

这是怎么回事：

这个试验的原理其实很简单，叶片留影是通过植物的光合作用而制成的。叶片受到阳光（或灯光）照射，将二氧化碳和水转化为有机物，这个释放出氧气的过程叫做光合作用。游戏中的叶片上被剪影遮挡的部分无法进行光合作用，因而当用碘酒浸泡时，没被遮挡的部分因光合作用而生成的淀粉与碘酒发生反应，变成蓝色，被遮挡的部分就自然形成了一个淡淡的影子。

071 纸睡莲也开花啦

你见过花开放的样子，但你见过纸做的花开放吗？为什么纸做的花也会开放呢？

你需要：

1.一张纸

2.一把剪刀

3.一盆水

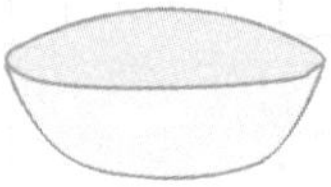

4.一支彩笔

快来玩玩看：

1.将一张平滑的纸剪成一朵花，用彩笔涂上颜色，然后把花向里折叠，做成一朵睡莲的样子。

2.把这朵纸睡莲放入水中，你就可以看到纸花以慢镜头的速度向外开放。

这是怎么回事：

纸的主要材料是植物纤维，即极细的管道。通过分子间的相吸，水就会渗入这种所谓的毛细管中，纸开始膨胀，就像是植物的花朵放入水中那样，这朵纸做的睡莲花也会“绽放”起来。

072 给水打结

什么？水也会像是绳子一样，在中间打一个结？这可能吗？

你需要：

1.一个1千克容量的塑料桶

2.一个直径2毫米的钉子

3.一个铁锤

快来玩玩看：

1.取一只1千克容量的塑料桶，在靠近底部用铁钉和铁锤并排钻五个直径为2毫米的小孔。

2.把桶放置在水龙头下方，打开水龙头，让水从五个孔中流出。

3.你用手指在五个孔上滑过，五股水流就会合并起来，就好像是扭在了一起，打成了结。

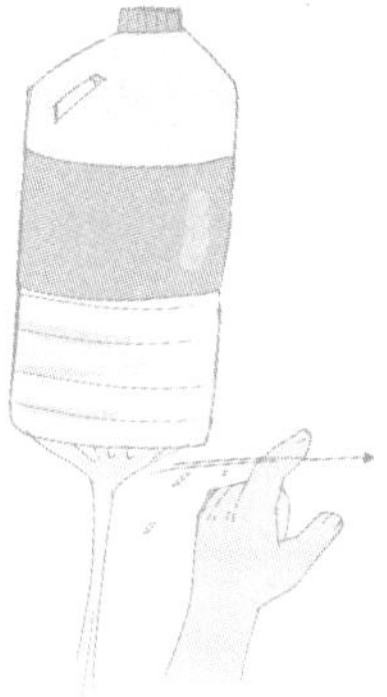

这是怎么回事：

水分子是相互吸引的，并因此在内部产生一种使液体表面缩小的趋势：表面张力。这也是水滴形成的力量。我们在这个试验中，可以清楚地看到这种力量：它使水流导向侧旁，然后连接起来。

073 透明蛋

我好想透过鸡蛋壳看看鸡蛋内部的样子，可到底该怎么做呢?

你需要：

1.一个透明玻璃杯

2.一个鸡蛋

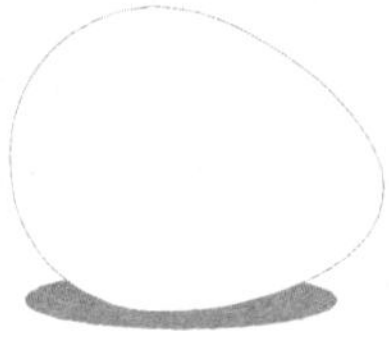

3.少许醋

快来玩玩看：

1.把一个鸡蛋连壳一起放入杯子里。

2.往杯子里倒醋，直到醋把鸡蛋泡起来。

3.三天以后，小心地拿出鸡蛋，举到光前，你会发现鸡蛋壳变成透明的了！鸡蛋中的暗影就是蛋黄。

醋

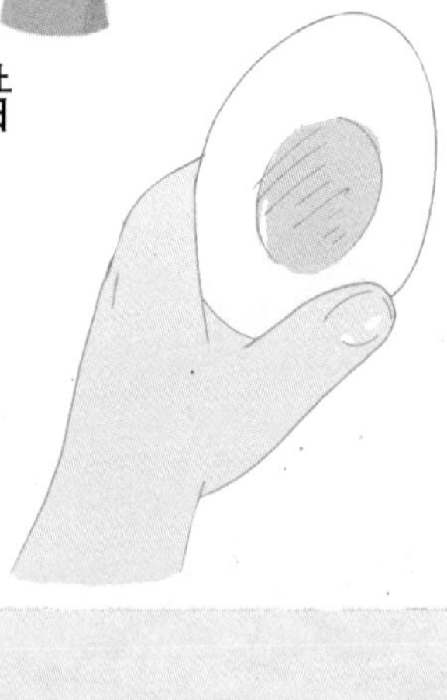

这是怎么回事：

醋和蛋壳中的成分碳酸钙发生了化学反应，把蛋壳溶解了。但是醋不能溶解蛋壳内的那层薄膜，它使鸡蛋仍然保持着蛋白和蛋黄的形状。

074 引燃方糖

方糖也可以燃烧吗？看到这个题目是不是感到很奇怪，这究竟是怎么回事呢？

你需要：

1. 一块方塘

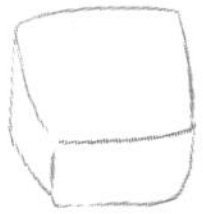

2. 一个金属盒盖

3. 少许香烟灰

4. 一盒火柴

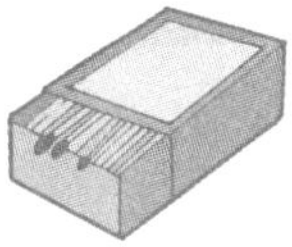

快来玩玩看：

1. 把方糖放在金属盒盖上。

2. 在方糖的一角撒上少许香烟灰，然后在这里放上一支燃烧的火柴，方糖立即就会冒出蓝色的火焰燃烧起来，直到最后完全融化。

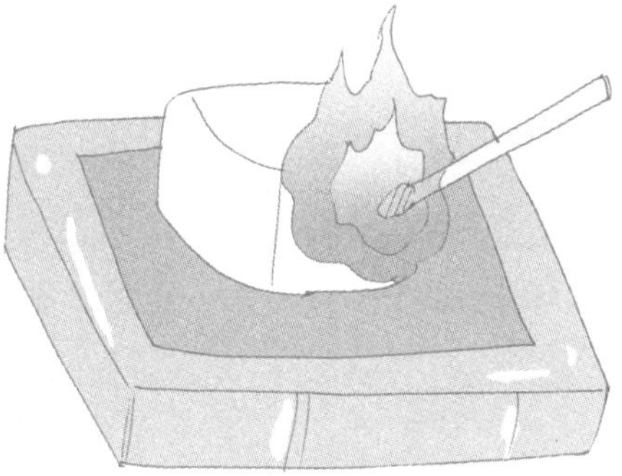

这是怎么回事：

我们知道香烟灰和方糖都是无法单独点燃，但烟灰却可以引发方糖的燃烧。一个可以引发化学反应，但本身却不发生变化的物质，被称为催化剂。香烟灰在方糖的燃烧过程中起到催化的作用，使方糖燃烧。

075 隔步点蜡烛

画支蜡烛就能燃烧？这太不可思议了。如果真是这样的话，生产蜡烛的厂家不就快倒闭了吗！

你需要：

1.一个樟脑球

2.一盒火柴

3.一块布

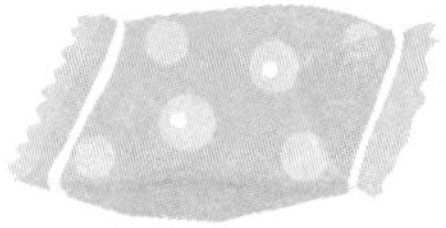

4.一支笔

快来玩玩看：

1.把布放在樟脑球的前面，然后在布上画一支蜡烛。

2.在布的前方点着火柴，“蜡烛”竟然燃烧起来了。

3.不一会儿，吹灭“蜡烛”，会发现布依然没有损坏。

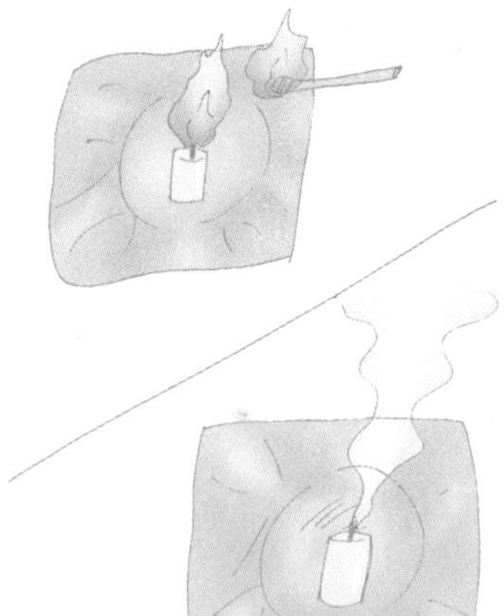

这是怎么回事：

原来，樟脑球的主要成分是含碳和氢的有机化合物——萘，这种物质具有易燃烧和易挥发的特性，所以就是隔着一层布用火柴一点就燃，燃烧时放出的热量，有一部分被发生的挥发现象所吸收。因此，包樟脑球的棉布不会被烧坏。

076 神奇空气炮

在战争片中，我们常看到冒着硝烟的大炮，它们是战场上重要的武器。你想不想自己制作一门神奇的“空气炮”呢？

你需要：

1. 一个两头封闭的纸板圆柱筒

2. 剪刀

3. 蜡烛

4. 橡皮泥

快来玩玩看：

1. 在纸板圆柱筒一端的盖子中间，剪出一个直径大约 2 厘米的圆孔，作为大炮的炮口。

2. 把“大炮”架在橡皮泥上，一门大炮就成了。

3. 在距大炮 1 米远的地方放一只点燃的蜡烛，把你的炮对着蜡烛。

4. 用手在大炮筒的底部轻轻拍一两下，你会看到烛焰马上就被你的大炮“击”灭了。

这是怎么回事：

这是大炮喷出的“音圈”吹灭了烛焰。我们可以在大炮里放些烟来观察这个现象：你请一个会抽烟的人，通过圆孔吹进几口烟，用手慢慢地轻拍纸筒的底面，你会看到很多美丽的烟圈从圆孔里喷出来，并且保持了完整的形状。如果你用灯照着烟圈，对着一个黑暗的背景观看这些烟圈，你会看见，每个烟圈上的烟都在迅速地兜着圈子滚动，简直美极了。

077 压缩气火箭

火箭对我们来说一点也不陌生，但火箭是怎么把飞船发射到天上去的？

你需要：

1. 一只软塑料瓶

2. 一根塑料吸管

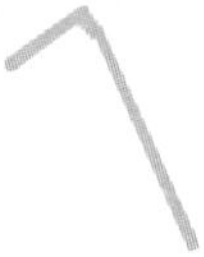

3. 一根10厘米长的麦秆（要比塑料管稍长）

4. 四张三角形的彩色纸

5. 一小块面团

快来玩玩看：

1. 在软塑料瓶的瓶盖上钻一个小孔。

2. 把塑料吸管插进瓶盖上，再用万能胶粘牢。

3. 在麦秆的一端粘上四张三角形的彩色纸作为火箭的尾翼；另一端用面团封严，捏成火箭头似的形状。等面团干了以后，压缩气火箭就算做好了。

4. 把麦秆做的“火箭”套在塑料管上，用手使劲一捏瓶子，“火箭”就会“嗖”的一下，飞出十多米远。

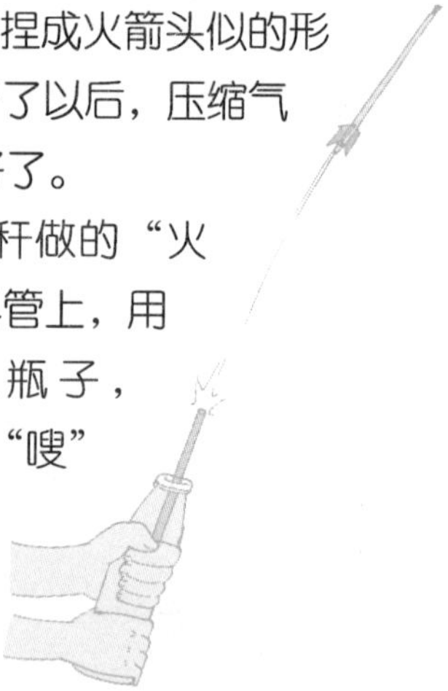

这是怎么回事：

瓶中的空气通过塑料管进入麦秆，因为麦秆的前端是封闭的，进入里面的压缩空气膨胀后向麦秆的后端（没有封闭的一端）喷出，给麦秆一个向前的作用力，麦秆就向前飞去。这个游戏利用的是反冲力原理。

078 砖头都压不碎的鸡蛋

你听说过世界上有用砖头都压不碎的鸡蛋吗？这可是真的呢。让我们一起试试看吧。

你需要：

1.四个鸡蛋

2.一块厚约 1 厘米的薄木板

3.几块手帕

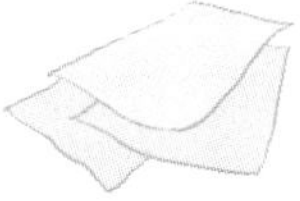

4.五块砖头和一把重 300～500 克的铁锤。

快来玩玩看：

1．把鸡蛋分开排成两行，并在鸡蛋的上面和下面各放好折叠起来的手帕。

2．将薄木板放在鸡蛋上，木板上面放 5 块红砖。

3．举起铁锤，对准砖头砸下去，结果鸡蛋没有碎。

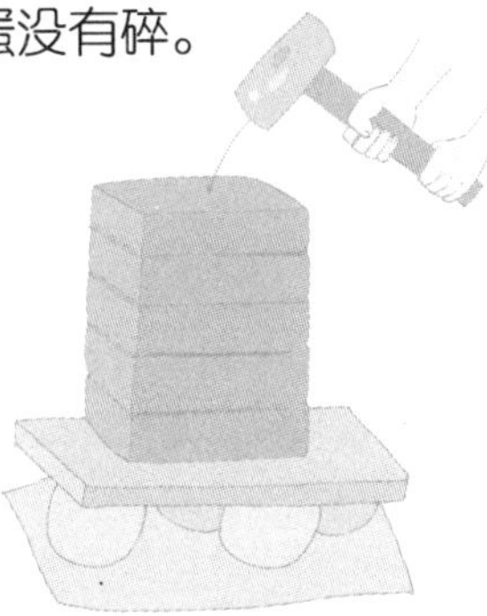

这是怎么回事：

鸡蛋之所以不会碎，是因为鸡蛋所受的压力和木板向上的弹力大小相等。根据计算可知，此力的大小由两部分决定，一部分是木板、红砖和铁锤的重量，而另一部分是它们向下运动时的作用力。简单说，砖越重、锤越小，鸡蛋所受的冲力就越小。鸡蛋上下垫的手帕，使作用力进一步得到缓和，所以，砖头碎了，而鸡蛋却不碎。当然，砖头数不能过多，以防其重量过重压碎鸡蛋。

079 万能橡皮泥

橡皮泥在我们的玩具室里经常见到，那你试过在水里给它换个新造型吗？

你需要：

1.一块橡皮泥

2.一个盆

3.水

快来玩玩看：

1.把橡皮泥捏成球体、正方体、长方体放在水里。

2.然后把它捏成中间空的船形，放进水里。

3.你会发现，球体、正方体、长方体都沉入水底，捏成中空的船形的橡皮泥，却会浮在水面上。

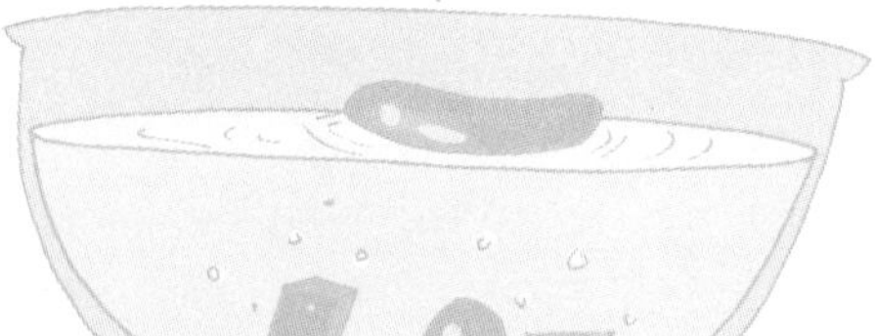

这是怎么回事：

船形的橡皮泥之所以不会沉入水底，是因为它排开水的体积多，所受水的浮力大于本身的重量，所以就会浮起来。而其他的之所以会沉入水底，是因为它们排开水的体积少，所受的浮力小于本身的重量，所以就下沉了。

080 拳头有多大

一个没有刻度的大玻璃杯，还有一台秤，怎么样才能测量出拳头的体积呢？

你需要：

1. 一个大玻璃杯

2. 一台秤

快来玩玩看：

1. 在一个水杯中倒入半杯水。

2. 把水杯放在秤上称一称，并记录下它的重量。

3. 然后你把一只拳头放到水杯中。但是有两点要求：一是不能接触容器；二是不能让杯中的水溢出。

4. 现在再称一称重量，得出两个重量之差，就可知道你拳头的体积是多大。

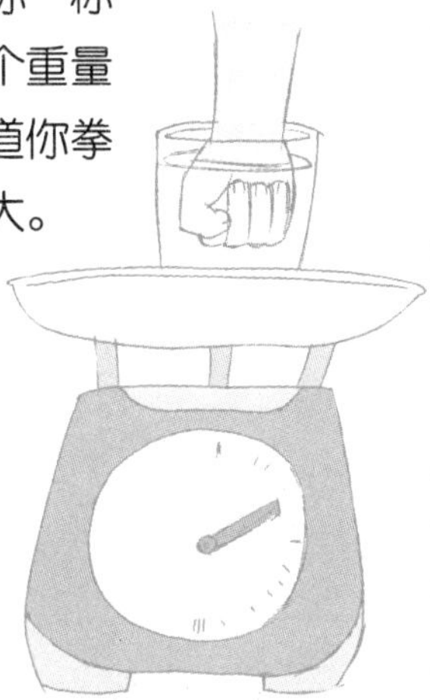

5. 在一般情况下，1克水等于1立方厘米水。由此可得知你的拳头的体积。

这是怎么回事：

原来秤上增加的重量，正好是拳头排开水的重量。因为一升水在4摄氏度时恰好重1000克，即1克水等于1立方厘米的水。如果拳头进入水后，重量增加200克，也就是说你的拳头的体积正好是200立方厘米。

081 叶子吐泡泡

我把一片叶子放在水中，却发现水里会有气泡，这是怎么回事呢？

你需要：

1. 一个大玻璃杯

2. 一个放大镜

3. 几片绿色嫩叶

快来玩玩看：

1. 把一个盛满水的透明玻璃杯放在阳光下。在杯里放几片绿色的嫩叶。

2. 拿一个放大镜，仔细观察叶子上发生的变化。

3. 你就可以看见叶子上有气泡冒出。

这是怎么回事：

是不是很奇妙呀？原来，植物和动物一样也需要呼吸，植物的呼吸和动物的呼吸刚好相反，植物吸进的气体是二氧化碳，呼出的气体是氧气，植物的呼吸叫光合作用。在进行光合作用的时候，会把氧气散发到空气中。你放入水中的叶子在阳光下进行光合作用，释放出氧气，从而在水里形成气泡。水里的植物用同样的方法保持池塘、河流里有充分的氧气，满足鱼和其他水生生物的需要。

082 方蛋

鸡蛋为什么一定要是椭圆形的，有办法把它变成方形的吗？

你需要：

1.一个刚刚煮熟的鸡蛋

2.一个方盒子（大小跟鸡蛋类似，最好刚刚合适）

3.少许食用油 4.一台冰箱

快来玩玩看：

1.先在盒子内侧涂上食用油。

2.鸡蛋煮熟之后剥掉蛋壳，放入准备好的方盒中，盖上盖子，放入冰箱，等鸡蛋变硬之后取出，它就是方形的了。

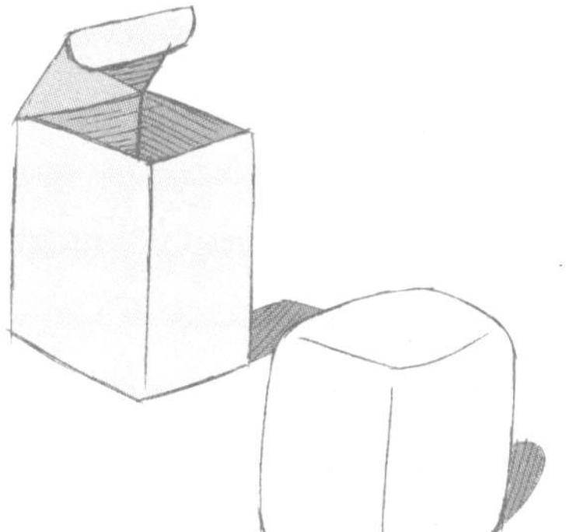

这是怎么回事：

鸡蛋的蛋白成分是水和蛋白质，它们紧紧相连，但是蒸煮的过程破坏了蛋白质分子，这些分子还会结合在一起，但其中的水分就被迫分离出来。此时蛋白就会变成胶体或者柔软的固态。由于一直保持着鸡蛋的热度，也就是胶体很热，所以蛋白质的黏结力非常不稳定。这种不稳定性使得我们很容易利用方形盒子将鸡蛋定形，一旦冷却，鸡蛋就永久变成方形的了。

083 火凤凰

凤凰是传说中最美丽的鸟，可是我能把它做出来，而且还能让它飞起来呢！想不想来一起做？

你需要：

1.剪刀

2.胶水

3.铝制盘

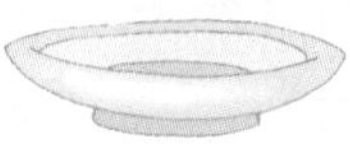

4.白纸

5.火柴

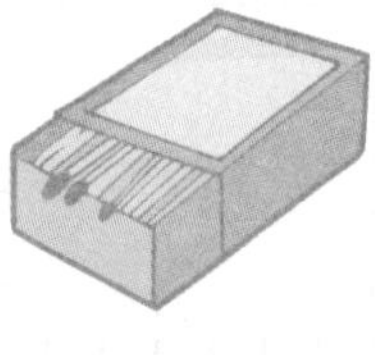

快来玩玩看：

1.把白纸剪成一个长约 20 厘米，宽约 10 厘米的纸条，然后把纸条的两边用胶水粘好，这样就做成了一个纸桶。

2.将纸桶竖立到铝制盘中央，看起来就像一座小烟囱。

3.点燃纸桶上端，火迅速向下燃烧。

4.当火苗接近底部时，你可以看到一个黑色的纸灰桶腾空而起。

这是怎么回事：

纸桶的燃烧使其内部形成一股热气流，热空气上升就将较轻的纸灰桶托起来了。纸灰好像凤凰一样在灰烬中升空。由于少量热空气所形成的浮力很有限，所以你必须选择较轻的纸，否则游戏会很难成功。

084 声音熄蜡烛

我们通常是用嘴巴吹灭燃烧着的蜡烛，可是声音也可以做到，你听说过吗？我也刚刚才听说的。

你需要：

1. 一个气球

2. 一把剪刀

3. 一根蜡烛

4. 一盒火柴

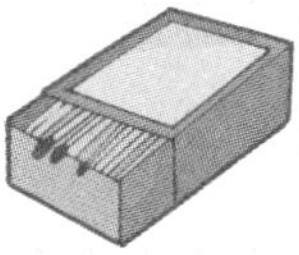

5. 一个纸筒

快来玩玩看：

1. 从一只大气球上剪下两个圆片，把它们分别绑在纸筒的两端，在一端的圆面中央用剪刀扎一个小孔。

2. 让你的小伙伴点燃一支蜡烛。

3. 拿起纸筒，让小圆孔对准烛火。敲击圆筒另一端的圆面，发出阵阵响声，没过多久烛火真的熄灭了。这是怎么回事呢？

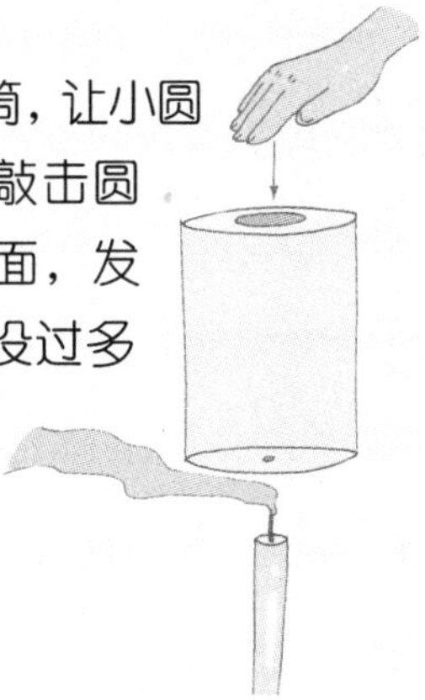

这是怎么回事：

当一个物体振动时，会使它周围的空气也发生振动。振动的空气把声波传播开去，当声波敲击你的耳膜，你就听到声音了。在你敲打圆筒一端的圆面的时候，圆面发生振动，你听到的声音就是敲击声。这个振动还会沿纸筒内的空气传播，把空气从小孔中挤出来，从而吹熄蜡烛的火苗。

085 会跳舞的可乐罐

你见过会跳舞的可乐罐吗？

你需要：

1. 一杯水 2. 一个可口可乐罐

3. 一根小棍 4. 一张纸

5. 胶水

快来玩玩看：

1. 把杯子里的水倒入空的可乐罐。

2. 用小木棍做旗杆，用纸做一个小旗。把小旗插入装水的可口可乐罐内。

3. 倾斜可口可乐罐大约60°角，小心调整可口可乐罐的位置，使其能够以倾斜的姿态站立而不会倒下。

4. 用嘴轻轻吹动或用手轻轻拨动可乐罐，它就会以倾斜的姿态翩翩起舞。

这是怎么回事：

可乐罐底部有一个斜面是它可以翩翩起舞的关键。罐内的液体适量，罐和罐内液体的重心的垂线正好通过可口可乐罐底部的斜面。这样罐和罐内液体就处于平衡状态。这是一种不稳定的平衡，所以要小心转动它，否则就会倒下来。

086 肥皂小赛艇

书上说用一根火柴可以做一个小赛艇在水里游，这是真的吗？

你需要：

1.火柴（也可用羽毛杆代替）

2.肥皂

3.一个塑料盆

4.一把小刀

快来玩玩看：

1.在塑料盆里注入适量的水。

2.把火柴的一端用小刀从中间劈开（劈开的长度约占总长度的四分之一），在劈缝里夹上一小块肥皂，一个“小赛艇”就做成了。

3.把这个“小赛艇”放在水盆里，它就会自动地在水中快速行驶。

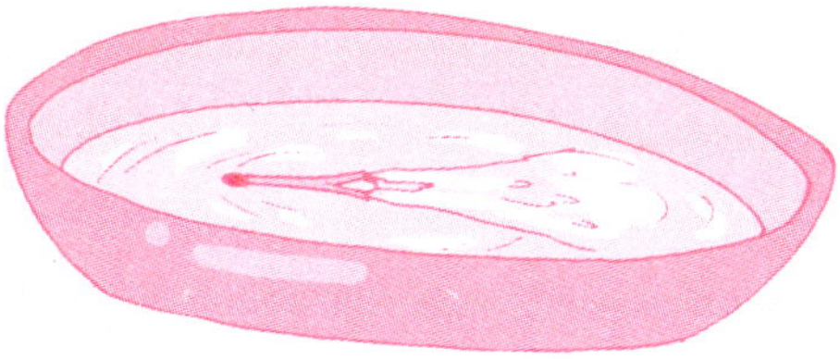

这是怎么回事：

“小赛艇”之所以能在水中行驶，是因为夹在火柴上的肥皂在水里逐渐溶解，不断破坏着火柴后面水的表面张力，而火柴前面的张力没有被破坏，所以火柴后面的水分子被火柴前面的水分子拉向前去，“赛艇”就前进了。注意，当盆中水的张力都被肥皂水破坏以后，“赛艇”就不会前进了，这时就得及时换水。

087 盐也会变甜

有一次，我在喝红豆汤的时候，错把盐当成糖加了进去，本以为红豆汤会变咸，但结果却是变得更甜了。这是为什么呀?

你需要：

1.两个碗，一个碗里盛红豆汤，另一个什么也不装

2.糖和盐少许

3.一个西瓜

快来玩玩看：

1.在盛有红豆汤的碗里加完糖之后，将它分成两碗，喝完第一碗，然后在第二碗中加入少量的盐再喝，感觉第二碗的红豆汤更甜一些。

2.将西瓜切开，切成两份。在其中一份撒上少许的盐，先吃完没有加盐的那份，再吃第二份，同样感觉更甜了。

这是怎么回事：

其实并不是盐真的让食物变甜了，而是我们的味觉器官造成的错觉。味道是由舌头上的“味蕾”所感知的。如果持续地给予味蕾甜的刺激，那么，它对甜味的感觉会慢慢迟钝。此时如果给予味蕾另外的刺激，会使味蕾对甜味的敏感度再次恢复。

088 会爬树的纸猴

今天我学会了一个新游戏：一只纸猴居然会爬树，这可真有意思。

你需要：

1.一根内径约4毫米的吸管

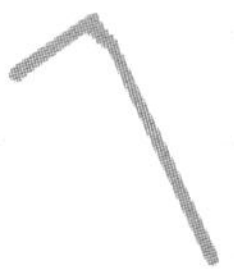

2.橡皮泥　　3.一个小锥子

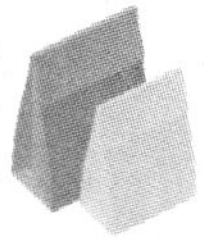

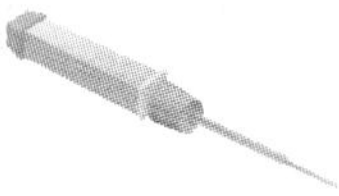

4.塑料瓶　5.石蜡　6.铅画纸

7.剪刀　　8.彩色画笔

快来玩玩看：

1.用橡皮泥把吸管的一端塞住。

2.用小锥子在吸管的前后两侧各钻一排小孔，孔与孔之间约5毫米。在钻孔时，将锥子向被塞橡皮泥那端倾斜一点，所有小孔都形成同一角度。

3.把塑料瓶的瓶盖取下，在瓶盖中心钻个比塑料吸管直径略小的圆孔，将吸管的另一端紧紧插进圆孔，用石蜡密封。

4.将带吸管的瓶盖旋紧在饮料瓶上。

5.再用铅画纸做一个比吸管直径略粗，高约30毫米的纸管，套在吸管上。

6.把一张轻纸对折后画一只小猴，剪成两只小猴，涂色后将两只小猴身体对贴，双腿分开粘到纸管上。

7.用同样的方法，将铅画纸对折后，在上面画上树冠，沿轮廓线剪下，涂色后对粘在吸管上端，此玩具就完成了。

这是怎么回事：

用双手挤压饮料瓶子，吸管两侧斜向上的小孔喷出的气流推动纸管上升。小猴也就随之上升。若用适当的力连续快速挤压饮料瓶，小猴就会缓缓上升。

惊奇＋不可思议的科学游戏

089 硬币发电

普通硬币也可能有电流存在，知道是怎么回事吗?

你需要：

1.一元和五角的硬币，不少于20个

2.一盆盐水　3.一些小纸片

4.一根导线　5.一个电流表

快来玩玩看：

1.将硬币依次间隔地叠起来，每两枚硬币之间夹一张用盐水浸湿的小纸片。一般不要少于20层，层数越多效果越明显。

2.用导线连接“硬币柱”两端，再接到电流表上，就可以明显地看到表针偏转，证明有电流的存在了。

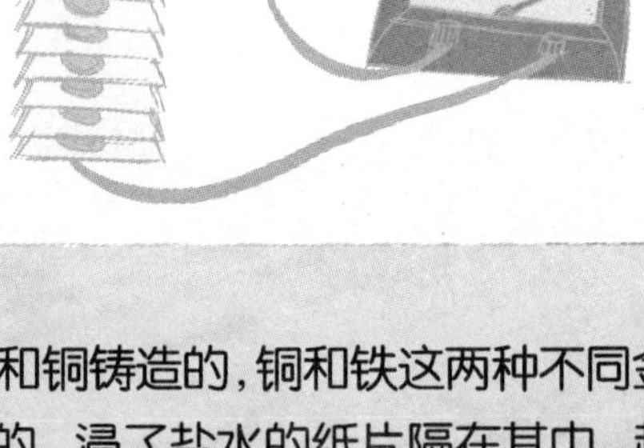

这是怎么回事：

由于一元和五角的硬币分别是铁和铜铸造的，铜和铁这两种不同金属的原子核外的自由电子的活性是不同的。浸了盐水的纸片隔在其中，起到了电解液和输送电荷的作用。电荷就在两种金属之间运动产生电流，层数越多，电压越高，参与流动的电荷也越多，电流就越强。

090 烧不坏的纸盒

火苗很容易会把纸张、衣服等物品点着，引起灾祸。可是在这个游戏中，纸盒却是不怕烧的。这是怎么回事呢？

你需要：

1. 一块硬纸板

2. 一瓶胶水

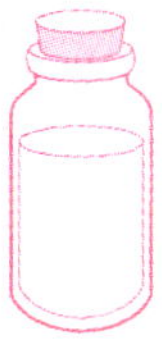

3. 一根细绳

4. 一根蜡烛

5. 一盒火柴

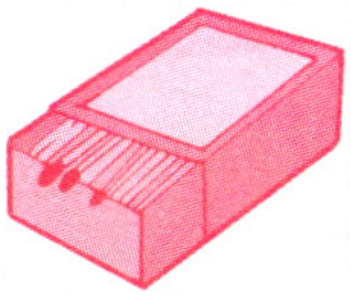

快来玩玩看：

1. 把硬纸板折出一个盒子的模样，用胶水粘好，确保纸盒不会漏水。

2. 在纸盒上面拴上细绳，悬挂起来，并注入冷水。

3. 将蜡烛点燃，放在纸盒下方。不用几分钟你会发现，水开始沸腾了。

4. 将蜡烛熄灭，倒掉热水，仔细观察，纸盒并没有被烧坏。

这是怎么回事：

物体吸收热量时，它的温度会升高，但是两种物体一起吸收热量时，会有吸收强弱的差异性。水比纸盒的吸热能力要强，它把火传递给纸盒的热能抢走了，所以纸盒才能安然无恙。

091 自由升降的水

温度只有在变化时才能被测量到，可是装在同一个瓶里的水为什么能自由升降呢？难道这也是温度在起作用？

你需要：

1. 一个软木塞

2. 一颗钉子

3. 一根吸管

4. 一个小药瓶

5. 食用色素少许

6. 一支签字笔

7. 一盆热水

8. 一个冰箱

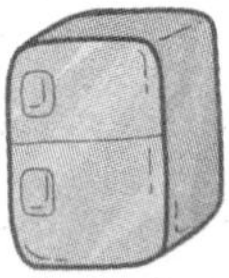

快来玩玩看：

1. 先用钉子在软木塞上钉一个洞，将吸管从洞中插进去。

2. 在小药瓶中倒入2/3的水，在水中滴入一两滴食用色素，用软木塞塞住瓶口，留一部分吸管露在瓶子外面，然后用签字笔标示出药瓶中的水位。

3. 分别把瓶子放在桌子上、冰箱和热水中，你会发现当温度高的时候，吸管的水位会上升；当温度低的时候，吸管的水位会下降。

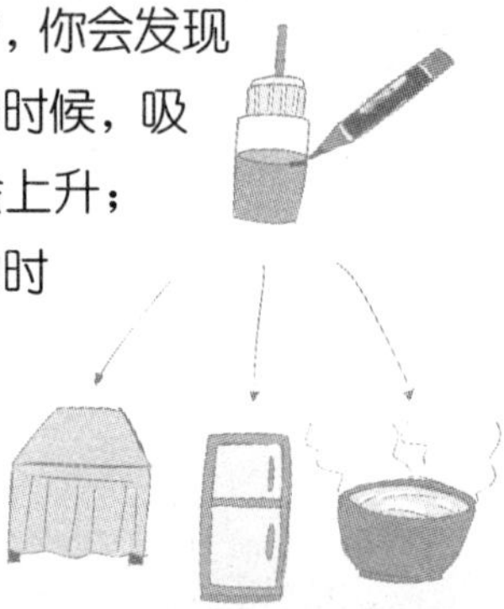

这是怎么回事：

这个游戏实际上也是利用了热胀冷缩的原理。当把小药瓶放到冰箱中时，因为外部温度比较低，小药瓶里面的水就会释放热量，降低自身的温度。因此水的体积就减少，吸管里面的水位也就降低了。同理，当放到热水中时，因为外部温度比较高，所以小药瓶中的水就会吸收外界的热量，随着温度的升高，小药瓶里面的水的体积就会膨胀，因此吸管里的水也就逐渐上升。

092 吹不灭的烛火

平时只要轻轻一吹，蛋糕上的蜡烛就会熄灭了。可是这次我却碰到了一枝怎么也吹不灭的蜡烛，你知道这是怎么回事吗？

你需要：

1.硬纸片

2.透明胶带

3.蜡烛

4.剪刀

快来玩玩看：

1.用剪刀把硬纸片剪成一个扇形，并用透明胶带粘上，做一个漏斗。

2.点燃蜡烛，并在桌子上立好。

3.用嘴堵住漏斗的小口径，把漏斗的大口径对准火苗，使火苗处在大口径中央，使劲吹气（确认漏斗的大口径中央对准了蜡烛火苗，这一点很重要），结果发现，不管怎么吹，火苗不仅不会灭，反而向漏斗靠拢。

这是怎么回事：

空气、水等流体大都具有沿着物体表面流动的性质，且流向总是从高到低。当嘴对着漏斗吹气时，空气沿着喇叭形壁面扩散，于是漏斗中部空气变稀薄，反而使漏斗的中部空气倒流。向漏斗里吹气时，气体沿着壁面流动，所以中间部位的压力就减少了。在试验中，烛焰恰好处于空气为保持压力平衡而流向低压区的位置，所以烛焰向漏斗方向倾斜，蜡烛也就吹不灭。

093 捅不破的纸

木棍很坚硬，薄纸很薄，但你却无法用木棍捅破那张薄纸。那是为什么呢？

你需要：

1. 一张纸

2. 一根木棍

3. 一根橡皮筋

4. 若干沙子

5. 一个高 20 厘米的硬纸筒

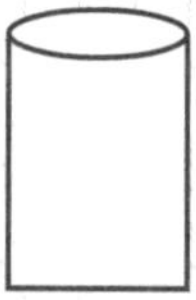

快来玩玩看：

1. 用纸包住硬纸筒的一端，然后用橡皮筋把它固定住。

2. 往纸筒中倒入约 10 厘米厚的沙子。

3. 一只手握住纸筒，另一只手把木棍插进沙子里，用力将木棍往下按。

4. 结果，尽管你用了很大力气往下按木棍，但木棍仍无法将纸筒底部的纸捅破。

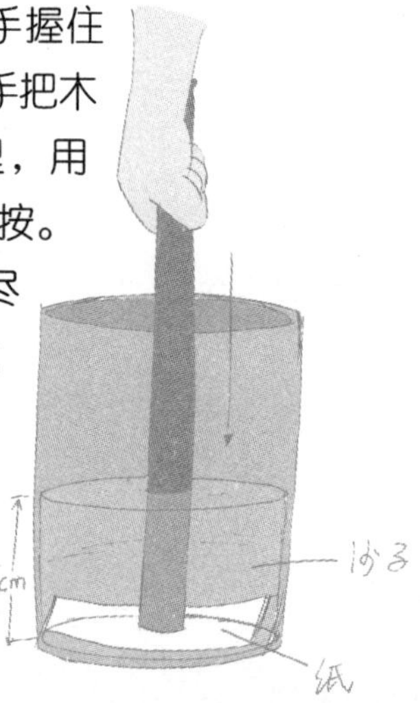

这是怎么回事：

当你将木棍插入装有沙子的纸筒并往下按木棍时，由于沙子之间有很多微小的间隙，沙子会相互碰撞，于是便把你按木棍的力量转移到了各个方向。所以，你用在木棍上的力量并没有全部作用在纸上，而只有一小部分作用在了纸上。因此，你捅不破那张纸。

094 烧不起来的纸

用火焰去烧干燥的纸，纸居然不会燃烧，这是怎么一回事呢？我可真是不明白，你明白吗？

你需要：

1．一张长方形的纸

2．一根铜丝

3．一根蜡烛

4．一盒火柴

快来玩玩看：

1．把纸拧成螺旋状，必须拧紧。

2．把铜丝在螺旋状的纸条上缠成间距相等的螺旋状。

3．将蜡烛点燃，把做好的螺旋状纸棒放到火焰上烧，会发现纸并没有被烧着，只是纸的周围有很多的黑烟。

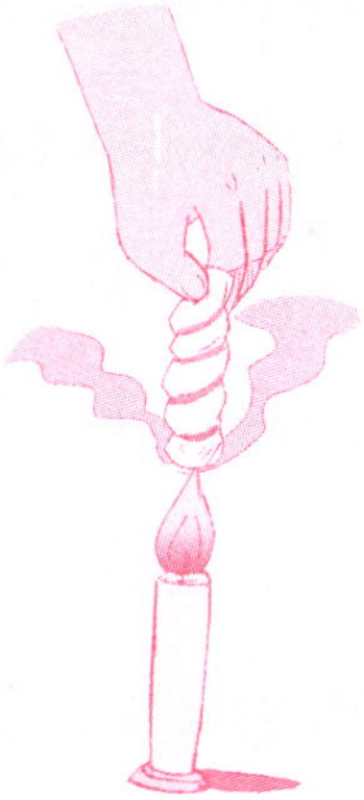

这是怎么回事：

纸棒之所以不会燃烧起来，是因为铜丝传热，它把从火焰中吸收的热量传到铜丝上了。但如果你把铜丝换成是木棒的话，纸就会很快燃烧起来。因为木棒的热传导性不好。

095 举不起的凳子

同学们一起玩游戏。根据同样的规则，一个男生没有办法举起一张凳子，但是一个女生却不费什么力气就举起同一个凳子。难道是男生的力气小吗？

你需要：

1.两张凳子

2.邀请两个你的同学，一男一女。你当裁判。

快来玩玩看：

1.各就各位。请同学们各自用脚量出离墙根4个脚掌长的距离，站好。

2.靠墙放两张凳子。

3.请同学弯下腰，头贴着墙，然后用力举起凳子。结果发现女同学能把凳子举起来，男同学却举不起来。

这是怎么回事：

一般来说，女生的脚比男生的脚小，因此当一个男生离墙根4个脚掌的距离时，弯下腰时他的重心会离身体支撑点远；而一个女生在这种情况下，身体重心离支撑点要近得多。这样，男生和女生相比，就处于十分不利的地位，虽然男生的力气大，但还是举不起凳子。

096 出红汗的鸡蛋

运动过后或是炎热时，我们都会出汗。可是你见过会出汗的鸡蛋吗？

你需要：

1.鸡蛋

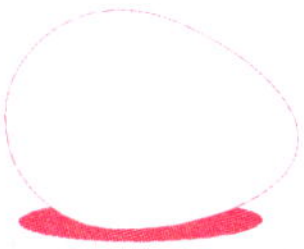

2.针

3.红墨水

4.不干胶

5.吸管

快来玩玩看：

1.把鸡蛋洗干净，用针在一端仔细地钻一个小孔。

2.用吸管把蛋内的蛋清和蛋黄抽出来。

3.将红墨水用吸管注入鸡蛋内，然后向鸡蛋内注入空气。把针孔用不干胶封好。

4.你会看到，红墨水从鸡蛋中渗了出来，好像鸡蛋在出“红汗”一样。

这是怎么回事：

原来，鸡蛋也是要呼吸的，气体的进出是靠它表面的气孔。据分析，一个鸡蛋大约有7000个气孔。往鸡蛋内注入空气，就加大了蛋壳内的压力，红墨水无处可去，就会从气孔中渗出来。可以由此想到，蛋壳内的雏鸡就是通过这样的气孔进行呼吸的。

097 危险的钞票

一张钞票就在你脚前方 30 厘米的地方，你能把它捡起来吗？

你需要：

一张钞票

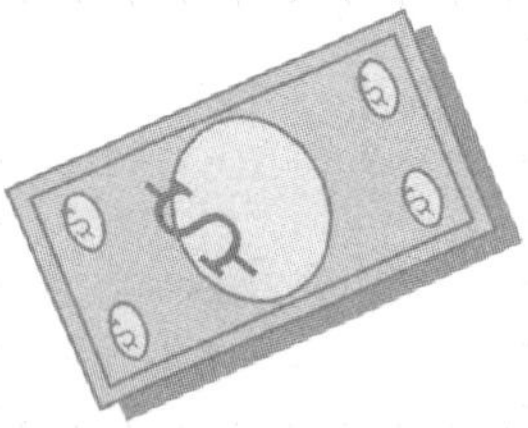

快来玩玩看：

1.笔直地靠着墙壁站好，双脚并拢，脚后跟靠墙。

2.在脚前方大约 30 厘米的地方放一张钞票。

3．现在不要移动脚，也不要弯曲膝盖，设法捡起这张钞票。（做的时候要小心，不要摔倒了呀。）

这是怎么回事：

当你靠墙站立时，你的重心落在你的脚上。当你向前倾斜捡钞票时，你的重心就会前倾。这个时候，为了保持重心稳定、身体平衡，你必须迈开脚步。可是游戏的规则是不能移动双脚，于是无论你怎么用力，都无法捡起钞票。如果你一定要去捡，你就会失去平衡，最终摔倒。

098 看不见的文字

我们常在侦探小说中读到看不见文字的秘密信件。其实使文字隐形的方法有很多，现在就让我们一起来做做看吧。

你需要：

1．一瓶含荧光剂的无色清洁剂

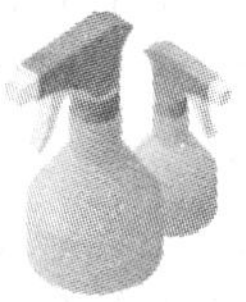

2．一盏紫光灯

3．几根棉签

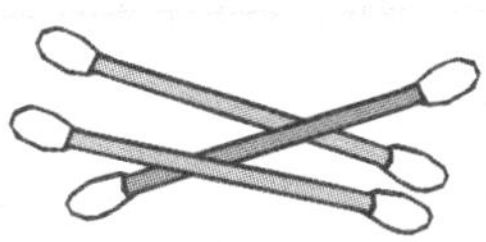

快来玩玩看：

1．把棉签当成笔，把清洁剂当成墨水，把你的手臂当成纸。用棉签蘸清洁剂在手臂上写下几个字。

2．等它变干以后，看看能看到什么，其实什么也看不到。

3．打开紫光灯，把写上字的手臂放在紫光灯下，噢，你手臂上的字就闪闪发光，你看到密信了！

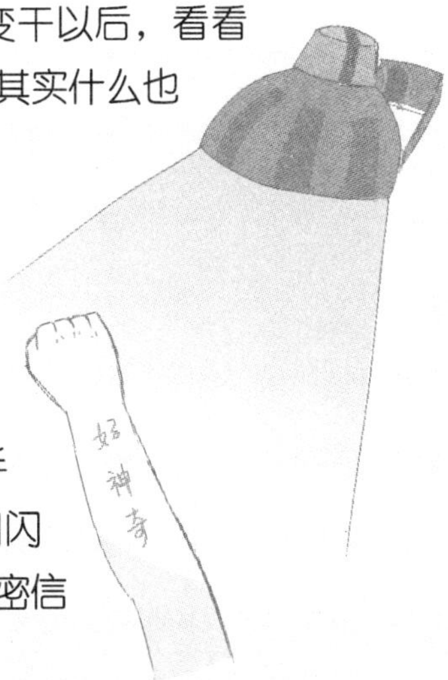

这是怎么回事：

大部分清洁剂都含有一种叫做荧光剂的化学物质。而紫光虽然看起来很暗，但其中包含一种肉眼看不见的紫外线。当它照射在荧光材料上时，就会变成可见光。所以，手臂上的字在白光下看不见，但因为里面含有荧光剂，被紫光一照就“原形毕露”了。

099 向上爬的试管

水是向下流的，试管也应该会向下落，可是当这两样东西组合在一起时，又会出现什么现象呢？

你需要：

1. 大小试管各一支

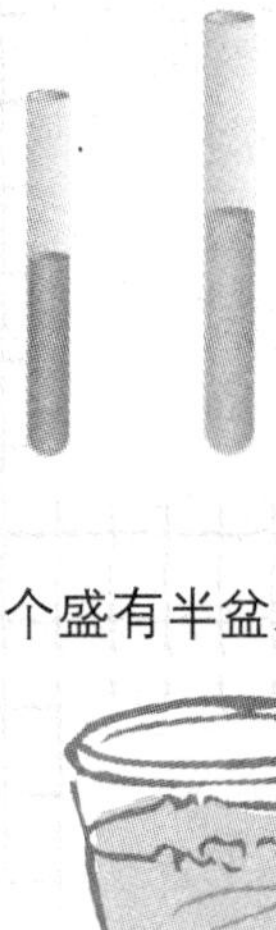

2. 一个盛有半盆水的塑料盆

快来玩玩看：

1. 在大试管里装上七八分水后，把小试管下半部插入大试管中。

2. 在塑料盆的上方，一只手扶着小试管，另一只手握着大试管，迅速地倒过来，让管口朝下，并同时松开手，发现小试管不是往下掉，而是向上爬。

这是怎么回事：

小试管之所以往上攀爬，是因为大试管里的水流出来时候，内部压力变小，小试管就会被大气气压推上去，向上攀爬。等大试管里的水流光以后，小试管就会掉下来。

100 造云运动

在寒冷的冬天，从嘴里呼出一口气，马上就形成淡淡的云雾状。你想不想自己动手制造一个造云雾的小装置呢？

你需要：

1. 一个大铁罐，一个小铁罐

2. 一些冰或雪和食盐

3. 一个手电筒

快来玩玩看：

1. 把小铁罐放进大铁罐里，将食盐和冰块按 3：1 的比例配制好，然后放进小铁罐与大铁罐之间的空隙里。这样，就做好了你需要的小冰箱。

2. 过一会儿，小铁罐里的空气就会冷却下来。这时，你对着小铁罐吹几口气，把水蒸气带进小铁罐里去。由于小铁罐里的温度很低，水汽凝结成了小水滴，就形成了淡淡的云雾。这时，你用手电筒照射小铁罐，就能很清楚地看到你自己制造出来的云雾。

这是怎么回事：

天上飘浮的白云，有些是由水蒸气凝聚而成的，有些是由浮动着的冰粒或者冰的结晶物组成的。当你对着小铁罐呼出空气时，含有水蒸气，这些水蒸气一遇到冷空气，就凝结成微小的小水滴。

101 瓶中旋风

看天气预报时，播报员会告诉我们哪里有龙卷风，提醒大家及时做好预防或撤离工作。那么，风为什么有那么大的威力呢？

你需要：

1. 两个塑料瓶

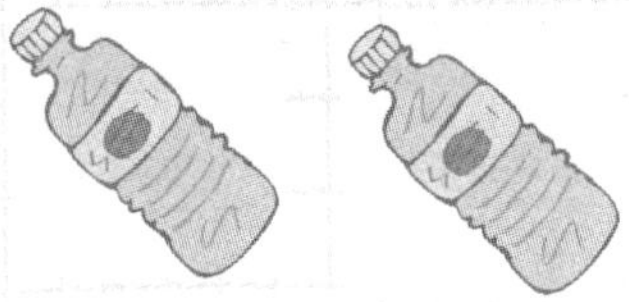

2. 一个锥子

3. 一根绝缘带

快来玩玩看：

1. 在一个塑料瓶里装入1升左右的水，在另一个空塑料瓶瓶盖上扎两个孔洞。

2. 在装有水的瓶上扣上盖了盖儿的瓶子，并用绝缘带紧紧缠绕两瓶连接处，以防漏水。

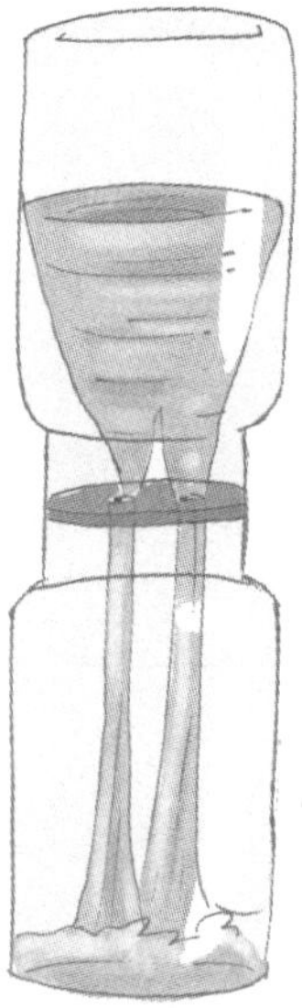

3. 倒过来让装有水的瓶子在上，然后像画圆圈似的摇动。摇动后放在原处观察。不一会儿，我们就可以发现上面的瓶子中的水产生旋涡，并缓慢地流下来。

这是怎么回事：

上面瓶中的水在旋转过程中，通过小孔流到了下面的瓶里。这时，我们就会看到“旋风”的模样。上面瓶中的水在旋转时要流到底面，这就等于水从旁边聚到中央而流下来。

102 让花儿褪色

五颜六色的花确实很漂亮，能不能把它像漂白衣服一样漂白呢？

你需要：

1.一个透明的大塑料袋 2.一个铁瓶盖

3.一把火钳 4.一块硫黄

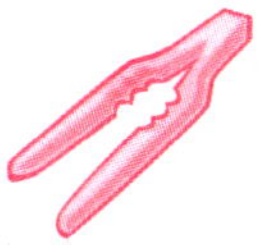

5.一枝红花 6.一个小瓶

快来玩玩看：

1．取来一枝红花插在小瓶中，并用透明的大塑料袋罩住。

2．再将硫黄放在铁瓶盖中，用火钳夹住铁瓶盖在煤气灶上加热，使硫黄熔化后，再把它点燃。

3．当硫黄冒出微弱的淡蓝色火焰后，迅速用火钳夹住放入塑料袋中，注意将周围的塑料袋盖严，不要漏气。

4．你会看到红色的花儿在淡蓝色的烟雾中迅速地退去了颜色，成了一朵白色花。

这是怎么回事：

硫黄燃烧后发出淡蓝色的火焰，会生成二氧化硫气体。二氧化硫具有漂白作用，能够使有色物质变成白色。这就是红色的花儿变成白色的原因。

103 神奇的圆盘

一个黑白的圆盘，在加速转动后我竟然看到了红色和蓝色。是我眼花了吗，还是什么其他原因呢？

你需要：

1. 白纸

2. 硬纸板

3. 彩色笔

4. 剪刀

5. 带橡皮擦的铅笔

6. 大头针

快来玩玩看：

1. 用剪刀在白纸上剪下一个直径为10厘米的圆圈，将它一半涂成黑色，同时将白色的半圆部分分成四等份。每部分都画上不相连的三条宽度为2厘米的圆弧线。

2. 用剪刀将硬纸板剪出一样大小的圆圈，衬在白纸圆圈下面，用大头针从上而下插下去。

3. 将穿过圆圈的大头针固定在铅笔的橡皮擦头上，这样一个圆碟就做了。

4. 用手掌旋转铅笔，圆碟跟着旋转，当速度较快的时候，我们看到白纸上的弧线仿佛连接在一起成为圆环。而当速度逐渐变慢的时候，我们可以发现圆碟上面好像出现了红色和蓝色的两个圆环。这是什么原因呢？

这是怎么回事：

虽然白色部分分成四部分画上不相连的圆弧线，但是由于视觉有暂停留的效果，前一段圆弧消失的时候，眼睛在短时间内感觉还能看见它，而与接踵而至的第二段圆弧连接在一起。这就是我们看到圆弧线连成圆环的原因。

而出现彩色的圆环则是因为我们的眼睛只能记住色谱中波长较短的蓝光和波长最长红光，最短的紫光因为太弱而很难被记住，这样我们就仿佛看到蓝色和红色的圆环。

104 会流血的花

你见过流血的花吗？如果没见过就动手来做这个游戏吧！

你需要：

1. 几朵白色的鲜花

2. 一瓶红墨水

3. 一把小刀

快来玩玩看：

1. 将一朵鲜花插在红墨水中约两天时间，直到花朵变色，花茎不再滴水为止。

2. 把花从红墨水中取出来，用小刀切去一小截花茎。过一会儿，你就会发现，花茎的切口上会落下点点滴滴的“鲜血”。

这是怎么回事：

植物通过根和茎内极细的毛细管吸收水分，然后又将这些水分输送到其他地方。将白色的花朵插在红墨水中约两天时间，花茎充分吸收了红墨水。所以，当我们切开花茎时，茎内的红墨水便如同血液般滴落下来，看起来像是花在流血一样。

105 消失的硬币

这是一个很有趣的游戏。不同的做法会得出不同的答案，就好像是有人在玩魔术。这到底是怎么回事呢？

你需要：

1.硬币

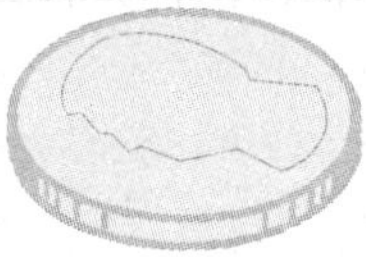

2.一个杯口比底大的玻璃杯

快来玩玩看：

1.把硬币放在桌子上，在玻璃杯里盛满水，然后把玻璃杯压在硬币上。这时，从杯子的侧面看去，我们会发现，硬币不见了。但是从杯口向下望的时候，硬币还好好的放在那里。

2.给玻璃杯底沾上一些水，再来重做这个试验，就发现这个魔术不灵了，透过玻璃杯的侧壁，总能看到一个闪亮的硬币。这是为什么呢？

这是怎么回事：

光从空气经玻璃杯底进入水里的时候会发生折射，使得大部分光线以很大的入射角射向杯子的侧壁。另一部分反射的光线又折回水中，从杯口射出，因此从杯子的侧面看不到硬币。

当杯底和硬币之间沾有水以后，硬币射出的光线从水中穿过杯底再进入杯子里的水中。这时杯底可以看成是一块平板玻璃，光线通过它的时候方向不变。硬币射出的光线到达杯子的侧壁上时，一部分光线入射角并不很大，不满足全反射条件，这些光线从侧壁上透射出来使你能看到杯底下的硬币。

106 小小生态瓶

你最想知道其他生物生活的环境及它们的生活方式究竟是什么样的吗？

你需要：

1. 三个大玻璃瓶

2. 两条金鱼

3. 一棵金鱼藻

4. 一卷胶布

快来玩玩看：

1. 把这3个大玻璃瓶编上1号、2号和3号，在每一个大玻璃瓶中盛上 2/3 左右没有污染的河水，并加入适量的泥沙。

2. 在1号大玻璃瓶中放入一条小金鱼；在2号玻璃瓶中放入一条小金鱼和一棵金鱼藻；在3号玻璃瓶中放一棵金鱼藻。

3. 把3个玻璃瓶分别盖严，用胶布把它们封好，使它们不透气。把这3个瓶子放在有充足光线，但不被阳光直射照射的地方。

4. 过较长时间再来观察，你会发现：1号瓶内的小金鱼死亡，因长时间缺少食物、氧气而死亡；3号瓶内金鱼藻死亡，因缺少制造“食物”的原料——二氧化碳而死亡；2号瓶中的金鱼藻和小金鱼都能正常生长。

这是怎么回事：

金鱼藻利用阳光、小金鱼呼出的二氧化碳和水进行光合作用，产生有机物，放出氧气，提供小金鱼生活所需的食物和氧气；小金鱼的呼吸和排泄物，又为金鱼藻提供了养分和二氧化碳。所以它们相互提供对方需要的生存条件，在共同生存的情况下才能更好地生活。

107 飞舞的纸蝴蝶

蝴蝶那翩翩起舞的样子可真让人喜爱。但是，你知道怎么才能让自己制作的纸蝴蝶飞起来吗?

你需要：

1.一张彩色薄纸　2.一根吸管

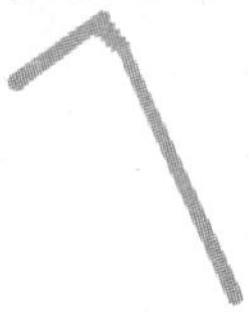

3.一件毛料织物　4.一把剪刀

快来玩玩看：

1.用剪刀在彩色薄纸上剪几只蝴蝶。

2.将吸管在毛料织物上面使劲摩擦，让它产生静电。

3.用带电的吸管靠近蝴蝶，这时候蝴蝶就能翩翩起舞了。

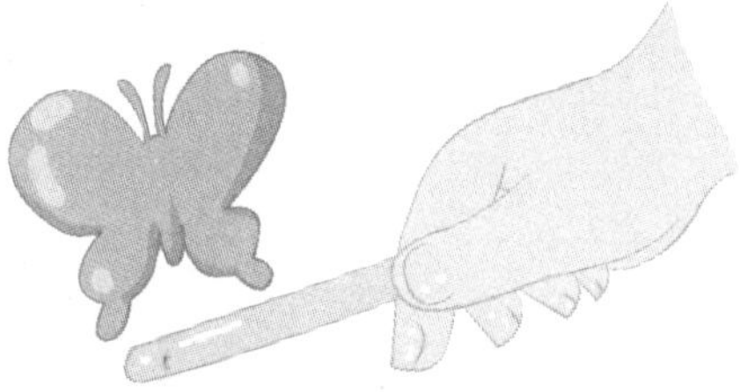

这是怎么回事：

吸管与毛料织物在摩擦过程中产生的静电是负电荷，而纸蝴蝶所带的电荷是正电荷，为了实现正负平衡，所以当它们互相靠近时，吸管上的负电荷会吸引纸蝴蝶上的正电荷，将它们拉过来，所以我们能看到蝴蝶“翩翩起舞”。

108 好玩的变色纸

化学课上，老师经常使用一种常见的化学用品——试纸。它能帮助我们辨别溶液的酸碱程度。我们可以自己动手制作这种变色纸吗？

你需要：

1.两个玻璃杯　2.两朵不同颜色的玫瑰花

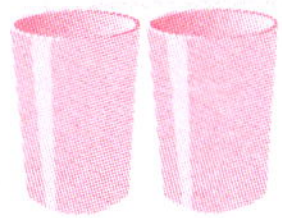

3.一张白纸　4.酒精少许

5.汽水、苏打水、石灰水和醋各少许

快来玩玩看：

1.先往玻璃杯中装60毫升的酒精，再把玫瑰花撕碎置于酒精中浸泡，一两个小时后滤出有色的酒精溶液。

2.把白纸撕成小纸条，放在刚才滤出的酒精溶液中浸泡十分钟，然后取出，晾干，这样，一张变色试纸就做好了。

3.将变色试纸各沾上一点汽水、苏打水、石灰水和醋，发现它的变化很快。这是为什么呢？

这是怎么回事：

变色试纸遇到酸、碱性不同的溶液时，呈现出不同的颜色。如果遇到醋，那么变色试纸就变成了红色，如果遇到了石灰水，那么变色试纸又变成了蓝色。不同颜色的玫瑰花瓣，在酸性和碱性的溶液中，颜色也会有不同的变化。

109 苹果变色试验

刚切开的苹果，过一会儿就变色了，难道空气被污染了？

你需要：

1. 一把水果刀

2. 一个苹果

3. 一个玻璃杯

4. 一袋食盐

快来玩玩看：

1. 往玻璃杯中倒进去半杯水，然后加进食盐，搅拌成浓食盐溶液。

2. 拿一个苹果用水果刀削去皮，将它平分成四份。

3. 两份放在盘子里；另外两份放在盛有浓盐水的杯中，浸泡5分钟左右。

4. 拿出来，也放在盘子里，再放5分钟。

5. 你会发现没有放入盐水中的苹果表面慢慢地变成了褐色，而用浓盐水浸泡过的苹果表面没有改变颜色。

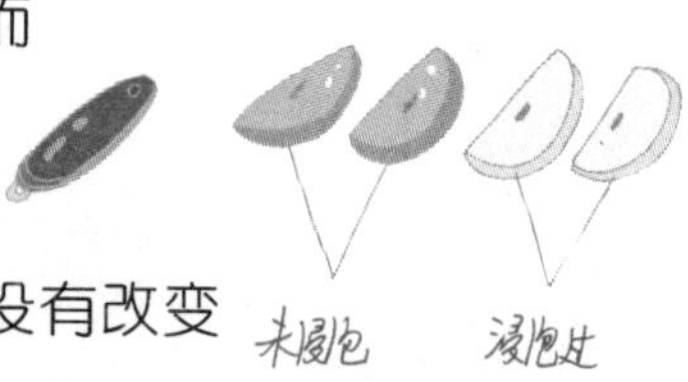

这是怎么回事：

苹果去皮以后，里面的茶酚、氧化酶、过氧化氢酶等物质，与空气中的氧气接触会发生反应，形成一种褐色的物质，所以苹果在空气中放置一段时间表面会变颜色；而盐水能阻止或减缓这种变化的发生，所以，用盐水浸泡过的苹果在短时间内不会改变颜色。

110 向下飘的烟

不论是妈妈做饭时的油烟，还是汽车排气孔排出的白烟，都是向上飘去的。那么，你见过向下飘的烟吗？

你需要：

1.一个鞋盒　2.一支蜡烛

3.两个玻璃罩

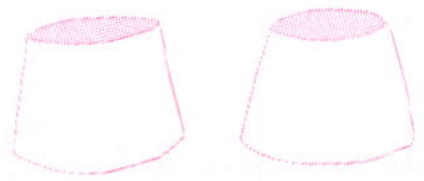

4.一张废旧牛皮纸

5.一把剪刀　6.一盒火柴

快来玩玩看：

1.在鞋盒的盖上剪两个比玻璃罩直径略小的洞。

2.将两个灯罩分别扣在刚剪开的小洞上方，蜡烛放在鞋盒中的其中一个玻璃罩的正下方。

3.点燃蜡烛，盖上盒盖，千万注意别让蜡烛把纸盒也烧着了。

4.用火柴把牛皮纸点燃，把冒着烟的牛皮纸拿到右边灯罩的上方。很快，你就看到烟往下飘——燃着的牛皮纸冒出的烟从这个玻璃罩进入盒内，又从另一个灯罩中重新飘了出来。

这是怎么回事：

原来，蜡烛点燃以后把它上面的空气加热，使得这些空气上升并从灯罩里升出来。但是，燃烧的蜡烛必须得到空气的补充，所以空气就只能从另一个灯罩的入口处进入。空气进入灯罩的力量足以把牛皮纸冒出的烟吸进去，所以，我们就看到了烟往下冒的“反常”现象。

111 自动膨胀的气球

你会吹气球吗？如果不用嘴巴，也不用气筒，你还能让气球鼓起来吗？

你需要：

1.没有盖的塑料瓶

2.冰箱

3.气球

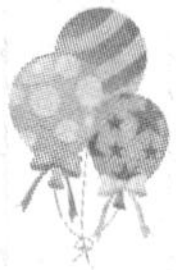

4.一个盆

快来玩玩看：

1.把塑料瓶放入冰箱，约一个小时后拿出备用(时间足够长，试验才能成功)。

2.对气球进行多次吹气和放气，使气球松懈。把气球紧紧地套在冰冻过的塑料瓶瓶口上后，将塑料瓶放在盆中，用热水烫塑料瓶(注意别烫手)。这时，气球就会逐渐变大起来。

这是怎么回事：

温度降低的话，塑料瓶里的空气就会被压缩，从而使更多量的空气跑进瓶里。因此放到冰箱里的塑料瓶里会进入比平时多得多的空气。另一方面，从冰箱里取出瓶子，并往其外面倒热水时，瓶里的温度会迅速上升，使瓶里的空气活跃起来。由于温度的上升，瓶里的空气体积增大，最终使气球鼓起来。

112 自动回转的罐头盒

我们吃完剩下的罐头盒有什么用处呢？告诉你吧，我可以让它像机器人一样自动回转。

你需要：

1. 一个罐头盒

2. 一根橡皮筋

3. 一个螺丝帽

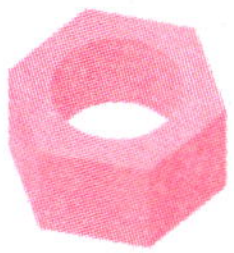

4. 一个手钻

5. 一根绳子

快来玩玩看：

1. 先用手钻在罐头盒的底部和顶部各钻两个小孔。

2. 把橡皮筋穿进小孔中，在橡皮筋交叉的地方用绳子结起来，然后在上面拴一个螺丝帽之类的重物。

3. 当把罐头盒放倒在地上，你把它从身旁推开，它滚动一会儿就会停下，接着自己会往回滚。

这是怎么回事：

因为螺丝帽较重，一直停在悬垂点的下面，不随罐头盒一起转动，这就把橡皮筋逐渐缠绕起来。橡皮筋缠绕到一定时候就限制了罐头盒的滚动，最后橡皮筋上积蓄的拉力又把罐头盒拉了回来。

113 磁铁也会失灵

自然界中的磁铁同铁是一对最要好的朋友，只要一见面就会形影不离。可是你知道吗，它们两个也有“吵架”的时候呢。

你需要：

1.一块条形磁铁　2.一盒火柴

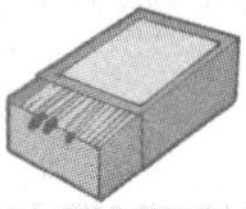

3.一支蜡烛　4.几枚大头针

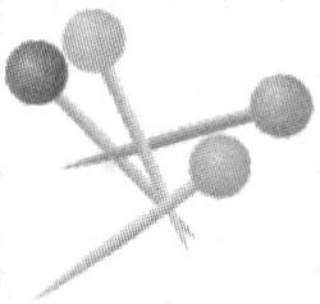

5.一个夹子（注意：夹子一定要有非热导性材料做手柄）

快来玩玩看：

1.用火柴点燃蜡烛。

2.然后用夹子夹起磁铁在火上烧，5分钟后取下，放在一边自然冷却。

3.大约15分钟以后，用磁铁去吸桌子上的大头针，发现磁铁连一根大头针都吸不上来，完全失灵了。

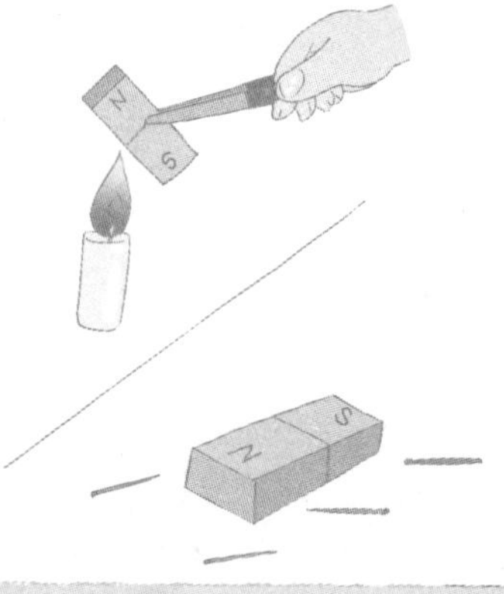

这是怎么回事：

这是一个关于磁铁磁性消失的游戏。磁铁之所以具有磁性，是因为磁铁中的铁原子是很有规则地排列的。然而，当磁铁受热后，铁原子的规则排列就被打乱了，因而也就失去了原有的磁性。

114 游泳的鸡蛋

对于老师表演的水中鸡蛋，我一直弄不明白。今天，就请老师再表演一次吧！

你需要：

1.玻璃杯

2.食盐

3.鸡蛋

4.滴管

5.一个汤勺

快来玩玩看：

1.在两个玻璃杯中注入等量的水，第三个杯子注入前两个杯子中一半的水。

2.第一个杯子中什么都不加，在第二个杯子中放入两汤勺食盐，第三个杯子中放入一汤勺食盐。在第三个杯子中用滴管再轻轻滴入一半的水，使其和前两个的水一样多。

3.在三个杯子中分别放入一个鸡蛋，你会发现三个鸡蛋在水中的高度不同。

这是怎么回事：

鸡蛋的密度小于盐水，大于自来水。所以，在第一杯中，用的是自来水，鸡蛋很正常地沉到杯底。第二杯里，自来水变成了盐水，鸡蛋浮在水面上。第三杯下半层是盐水，上半层是自来水，所以鸡蛋浮在中间。这说明鸡蛋虽然会在自来水中下沉，但却会浮在盐水上面。

115 烧手帕

手帕是用布做成的，它一碰到火，就会被烧坏。可是在这里，却有一个办法让手帕不会被火烧坏。你知道是什么办法吗？

你需要：

1.一块棉质手帕

2.一枚一元的硬币

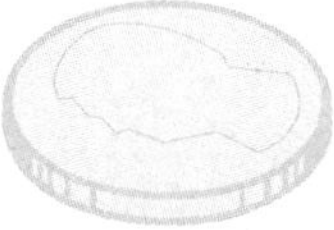

3.一盒火柴

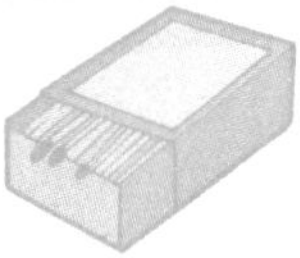

4.一根香

快来玩玩看：

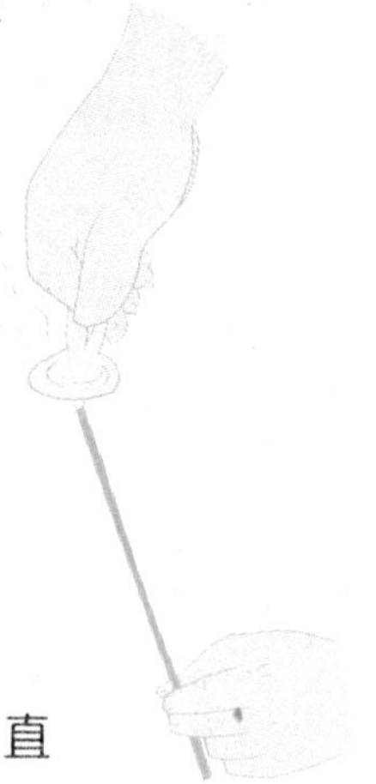

1.用手帕把硬币紧紧地包起来。

2.点燃香，使其接触包裹着硬币的手帕位置，发现手帕没有被烧着。

3.将硬币取出，直接用香接触手帕，发现手帕被烧着。

这是怎么回事：

包裹着硬币的手帕受热时，部分热量会传导到硬币里，将燃点的热量分散了，因此不容易烧起来。而没有包裹着硬币的手帕，热量没法传送，因此容易被烧着。

116 蛋壳里的奥秘

又碰到了我最喜欢吃的鸡蛋了。可这回却不能吃，还要留着鸡蛋做游戏，看一看鸡蛋壳里有什么奥秘呢？

你需要：

1．一个鸡蛋

2．一根塑料吸管

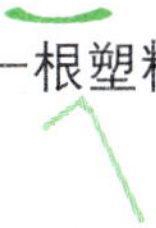

3．一颗钉子（或小刀代替）

4．一根大头针

5．一根蜡烛

6．一盒火柴

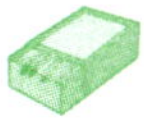

7．一个玻璃杯

快来玩玩看：

1．先用钉子在鸡蛋的一端剥去一小块蛋壳，剥的时候一定要十分小心，千万不要把蛋壳下的那层薄膜弄破了。

2．在鸡蛋的另一端用针扎一个小孔，慢慢地把这个小孔扩大，直到能把透明的塑料吸管插进去为止。

3．慢慢把管子插入蛋内约2厘米，点燃一支蜡烛，让蜡油滴到管子与蛋壳的接口处，把接口全部封严实，不让空气和水分渗进去。

4．现在把鸡蛋放进一个盛有四分之三水的玻璃杯中，让插上管子的一头朝上。

5．稍等片刻，你可以看到鸡蛋里面的蛋液就会慢慢上升到管子里面。

6．几小时后，蛋液一点一点进入管子里，管口就会有蛋液溢出来。这是怎么回事呢？

这是怎么回事：

原来是杯子里的水渗入了蛋壳之中。鸡蛋里面的蛋液和杯子里的水被蛋膜隔开了，怎么杯中的水还能进到鸡蛋里面去呢？这就是“渗透”。在这层薄薄的蛋膜上，有许多微孔，这个孔能让细小的水分子通过并进入蛋中，但较大的蛋液分子却不能通过。其实，这是一层“半渗透膜”。水不断渗入蛋中，把蛋液不断地往上推，逐渐推出蛋壳。

117 洗掉叶子的颜色

一般的叶子都是绿色的，除了绿色还有别的颜色吗？

你需要：

1.剪刀

2.玻璃杯

3.一小瓶异丙醇

4.滤纸

5.胶带

快来玩玩看：

1.用剪刀把树叶剪成细小的碎片，再把树叶碎片放到玻璃杯中，大约5毫米厚。

2.向玻璃杯中注入异丙醇，使其刚好没过树叶碎片就可以了。

3.从滤纸上剪下一条宽3厘米的滤纸条，滤纸条用胶带固定在杯子边沿上，另一端伸入到异丙醇溶液中。

4.第二天，你会看到滤纸条上多了很多色彩。

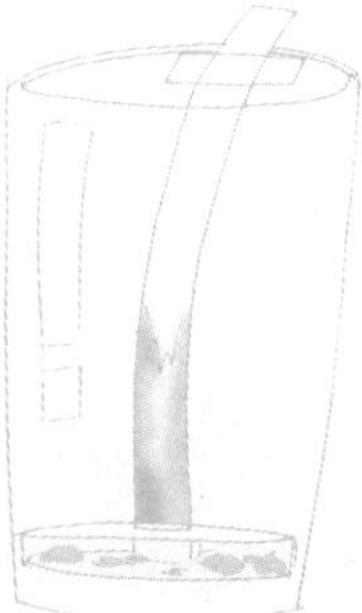

这是怎么回事：

树叶中的色素可以溶解到异丙醇中，这样，当异丙醇顺着滤纸向上渗透的时候，色素也被带到滤纸上了。因为不同色素的分子结构是不一样的，所以它们在滤纸上的高度也不一样，色素就会沉积到滤纸条不同的区域。这样，你就可以看到树叶中都有什么色素了。

118 逃跑的颜色

有一些颜色是比较稳定的，比如墨水、颜料等，所以古代的字画可以长时间保留下来，但是有一些物质在别的物质的作用下，是会逃跑的。

你需要：

1.一个小饮料瓶

2.少许红色食用色素

3.一根吸管

4.少许漂白剂

快来玩玩看：

1.在小饮料瓶里倒入1/2的水和1/3汤匙的红色食用色素，搅拌均匀。

2.用吸管把漂白剂一滴一滴地滴到瓶里，发现红色逐渐消退，最后水变清。

3.在变清的液体中，再滴入一滴含红色食用色素的水，发现红色也随即消失。这是为什么呢？

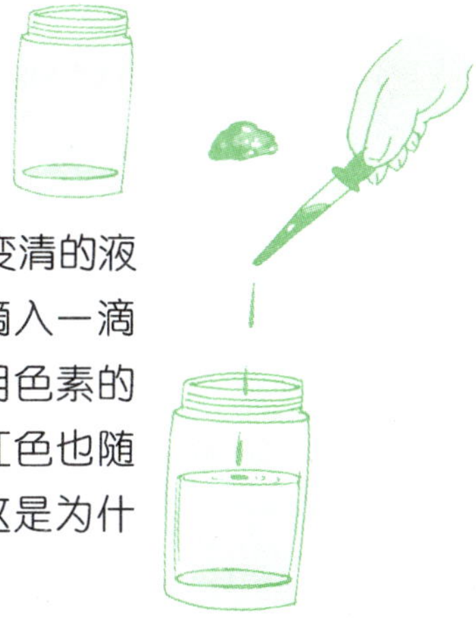

这是怎么回事：

漂白剂里含有“次氯酸盐”，这个物质易释放氧气。氧气与含在颜料中的有色化学物质结合生成无色化合物。漂白剂放入水中后红色逐渐消失。这是因为红色颜料被漂白剂包围后逐渐失去了自己的颜色的缘故。

119 火中跳舞的手帕

你的手帕被点燃了？不过别紧张，也许它“毫发无损”。

你需要：

1.一块棉手帕

2.一把尖嘴钳

3.一盏酒精灯

4.一个玻璃杯

5.一个装有水的脸盆

6.一瓶浓度为75%的酒精

7.一盒火柴

快来玩玩看：

1.把手帕放在杯子里，倒入酒精。

2.用火柴点燃酒精灯。

3.用尖嘴钳夹住手帕，靠近酒精灯的火焰。

4.可以看到手帕立即被点燃了。

5.当手帕所浸的酒精快燃尽时，把手帕放进脸盆。我们会发现手帕没有被烧坏。

这是怎么回事：

浸泡手帕的酒精包含纯酒精和水。火焰以酒精为燃料，在手帕表面燃烧。即使某个区域的酒精燃尽了，由于手帕中的水会蒸发，维持手帕的表面温度始终不会达到燃点。可见，燃烧的是酒精，而手帕没有燃烧。

120 水火交融

好奇怪呀，水和火不是一对冤家吗？怎么会互相交融呢？

你需要：

1. 一支蜡烛

2. 一根大头铁钉

3. 一个大玻璃瓶

4. 水

快来玩玩看：

1. 在大玻璃瓶中注入充满玻璃瓶三分之二的水。

2. 把铁钉插进蜡烛的下部，固定好蜡烛。

3. 把蜡烛放进水里，只留一小部分在外面，然后用火柴点燃蜡烛。

4. 过一会儿你会发现，尽管露在水面上的蜡烛已经渐渐燃尽，但是蜡烛的火焰却没有熄灭，仍然在水中继续燃烧。

这是怎么回事：

原来，蜡烛燃烧形成的蜡液经水冷却后，在水面上构成了一层很薄的外壁，这层外壁将水和火焰隔离开来，这样火焰遇水时就不会熄灭，而是继续在水面上燃烧。因此，我们就能看到水火交融的奇景了。

121 柔软的骨头

你见过骨头是什么样子的吗？白白的、硬硬的，对吧。可是在这个游戏里骨头却不是这个样子，那到底是什么样呢？

你需要：

1.一个玻璃瓶

2.一根干净的猪骨头

3.一瓶醋

4.一把汤勺

快来玩玩看：

1.在玻璃瓶中倒入一些醋，然后把猪骨头放入醋里面。

2.让醋没过骨头，浸泡两天。

3.两天后把骨头从醋里面捞出来，然后用汤勺敲一敲泡过的骨头。

4.你会发现骨头已经变得非常柔软了，不仅可以轻易折弯，甚至可以打结。

这是怎么回事：

骨头之所以坚硬，是因为它内部有一种含钙化合物。醋是一种酸，会与钙化合物发生反应，形成新的可溶物质。这种可溶物质溶解在醋里，剩下的就只有骨头中柔韧的部分。所以，骨头就变得非常柔软了。

122 熟不了的西红柿

西红柿是我们餐桌上最常见的菜了，它鲜红的颜色让你垂涎欲滴。那你见过长久保持绿色的西红柿吗？

你需要：

1.一株正在生长的西红柿植株

2.一碗热水

快来玩玩看：

1.在西红柿树上找一个绿色的西红柿。

2.把挑选好的西红柿放在一碗热水中，浸泡三四分钟（注意不要把西红柿摘下来）。

3.过一段时间再来观察，发现这株西红柿上其他果实全红时，这个被浸泡过的西红柿仍然是绿色的。

这是怎么回事：

西红柿本身含有一种叫酵素的物质，它所产生的乙烯气体可以催熟西红柿。游戏中用热水浸泡西红柿的方法，损坏了可以产生乙烯气体的酵素，这就阻止了西红柿的成熟。所以当其他西红柿正常成熟的时候，被热水浸泡过的西红柿仍是绿色。

123 有“魔力”的手

太阳的光照可以提供太阳能，从高处坠落的水流能够提供机械能，那么我们人体自己能提供什么能量呢？

你需要：

1. 一张 A4 纸

2. 一把剪刀

3. 带橡皮擦头的铅笔

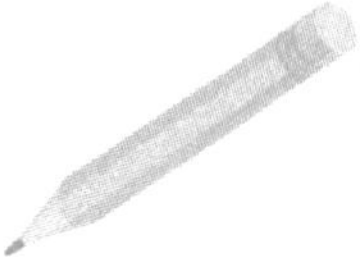

4. 一根棒针

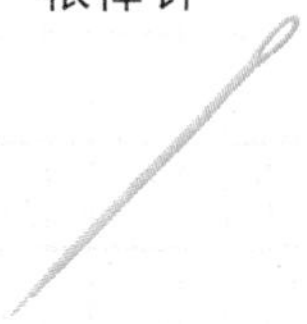

快来玩玩看：

1. 用剪刀把纸裁成 7.5 厘米见方的正方形，依照正方形的两条对角线对折，然后展开，正方形纸张上面就会出现两条交叉的痕迹。

2. 按照折痕，将正方形往上推，形成一个高约为 1.25 厘米的四面凹面锥体。

3. 取一根带有橡皮擦头的铅笔，将一根棒针插入橡皮头。

4. 坐下来，将铅笔放在膝盖中间，再把折好的锥体放在针头上，也就是针头对着两条对角线的交叉点。

5. 将手握成杯状，拢在纸张的附近，大约距离 2.5 厘米左右。一分钟之后，手就发出神奇的“魔力”，小纸张旋转起来了，并且越转越快！

这是怎么回事：

其实手并没有什么“魔力”，小纸张可以旋转，是因为我们的手有温度，提供了热能。它加热了小纸张附近的空气，空气一旦被加热，发生上升现象，就能使铅笔上端的纸张转动起来。

124 自制照相机

你知道照相机是怎么记录下眼前的影像的吗？你想不想通过自己的手来制作一台最简易的“照相机”呢？

你需要：

1. 带有盖子的鞋盒

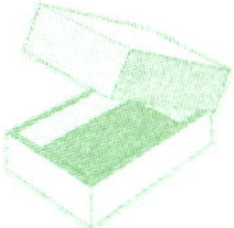

2. 毛笔

3. 剪刀

4. 蜡纸

5. 黑色颜料

6. 花瓶

7. 小钻

快来玩玩看：

1. 用毛笔蘸上黑色颜料涂在鞋盒的内部。

2. 在鞋盒的一侧，用剪刀剪一个5厘米宽、10厘米长的长方形开口。用一张比开口略大的蜡纸粘在开口上。

3. 在鞋盒另一端的中间位置，小心地钻一个直径为5毫米的小孔，这个洞的形状要尽可能的圆。这样简易照相机就做好了。

4. 把简易照相机的长方形开口对准一个花瓶，在小孔后面进行观察。你可以看到一只倒立的花瓶。

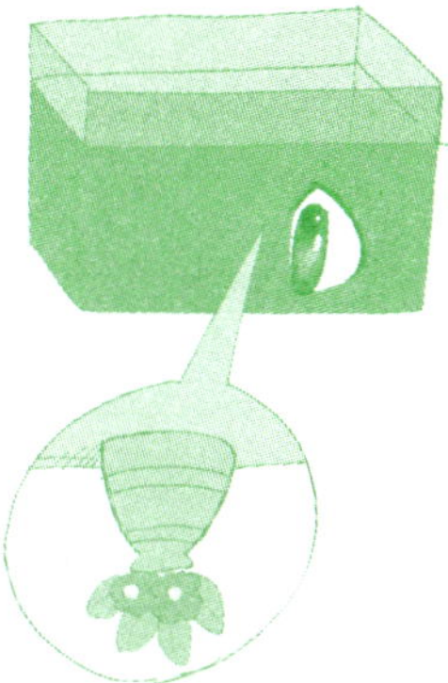

这是怎么回事：

光是沿直线传播的。影像顶端的光线，直射到了长方形口的底部，而影像底部的光线则直射到了长方形口顶部，所以映射在照相机底片上的物体影像都是倒立的。

125 不会爆的气球

我最喜欢玩气球了，可是一不小心就很容易弄破它。哪里能找到一种不会爆的气球呢？

你需要：

1. 两个气球

2. 一根针

3. 一块透明胶布

快来玩玩看：

把一只气球吹足气，系紧口，用一根针去扎，气球就会发出一声爆炸声。再把另一只气球吹足气，系紧口，再用一块透明胶布贴在气球上。这时再用针从贴着透明胶布的地方把气球扎破，发现气球不是“啪”的一声爆炸掉，而是像撒了气的车胎一样慢慢地瘪下去。这是什么原因呢？

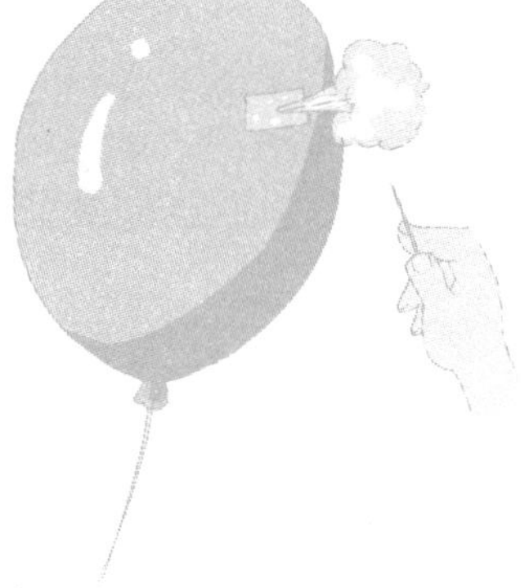

这是怎么回事：

原来气球被扎破时，溢出的空气形成一股压力，橡胶和胶布对这种压力的反应各不相同。当压缩空气从气球扎破的地方冲出时，因橡胶脆而薄，气球一下就被撑破了，同时发出很大的爆炸声。透明胶带比较坚固，它可以抵住压缩空气冲出时造成的压力，所以气球不会“啪”的一声爆炸。

126 自己做彩虹

雨后的天空，有时会出现美丽的彩虹，那真是一道亮丽的风景。可是我告诉你，自己也能制作彩虹，你想不想来试一试呢？

你需要：

1.黑色卡片

2.剪刀

3.镜子

4.橡皮泥

5.白色卡片

6.手电筒

7.碗

快来玩玩看：

1.在黑卡片上方剪一条水平的小缝，折起卡片的底部，使卡片能立起来。

2.往碗里倒入半碗水。将镜子放在碗里，用橡皮泥固定住，使之一半在水下，一半在水上。

3.把黑卡片立起来，并将白卡片放在它前面，小缝正对着镜子。

4.让手电筒的光穿过切口照在镜子上。调整镜子的角度，直到你能在白卡片上看到彩虹。

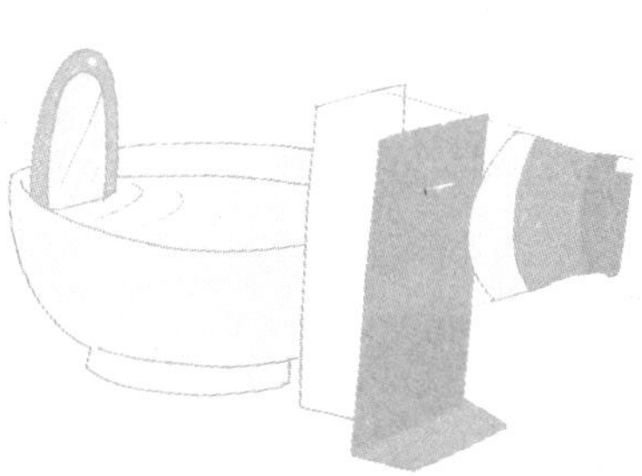

这是怎么回事：

镜子与水构成的三角形形成了一个棱镜。当光线通过棱镜时，每种颜色的光会以不同的速度传播，也会弯曲成不同的角度。白光被切分为一个光谱，所以你就能看到反射在白纸上的彩虹了。

127 发光的魔法镜

你听过爱迪生用蜡烛聚光救妈妈的故事吗？你想知道怎样让一支蜡烛照亮房间的每一个角落吗？

你需要：

1.两面镜子

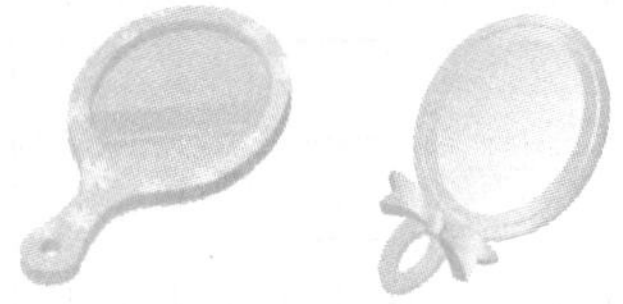

2.橡皮泥

3.一把小刀

4.一支蜡烛

5.一盒火柴

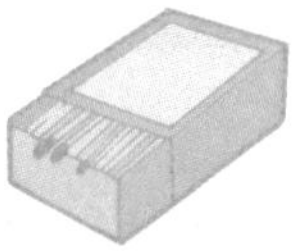

快来玩玩看：

1.用小刀将一面镜子背面的水银划出一个直径2厘米左右的圆圈，作为观察孔。

2.用橡皮泥将两面镜子垂直固定在桌面上，镜面要相对，平行，间距在10厘米左右。

3.用火柴点燃蜡烛，然后把蜡烛放在两面镜子之间。

4.通过观察孔仔细观察，你会发现蜡烛的影像在两面镜子里，被反复投射了无数次。

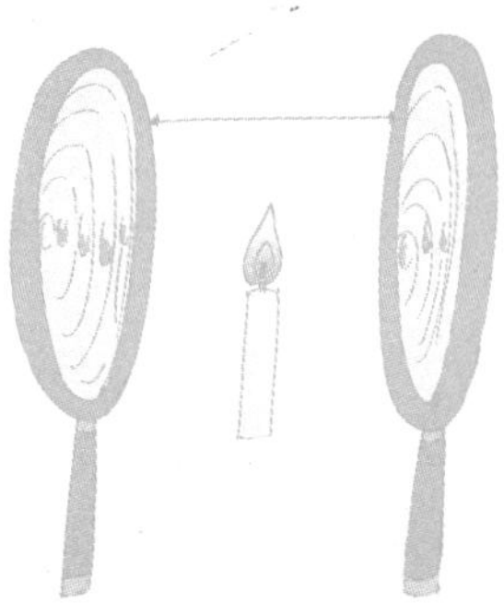

这是怎么回事：

镜子会反射光线，也就是说光线遇到镜面就会沿原路被反射回去。因此，两面平行的镜子之间的蜡烛的光．就在镜子之间被反射来反射去，无穷无尽，这样你看到的就是无数根的蜡烛。但是，如果镜子不是平行的，而是成一定角度，那就不能确保你看到的是无穷无尽的蜡烛了。

128 分离叶绿素

植物的叶子是绿色的，这是含有叶绿素的缘故，那有没有什么办法能把叶绿素分离出来呢？

你需要：

1. 两个烧杯，一大一小

2. 一片新鲜的绿叶

3. 一瓶浓度为95%的酒精

4. 一个酒精灯

5. 一个三脚架

6. 一张石棉网

7. 一盒火柴

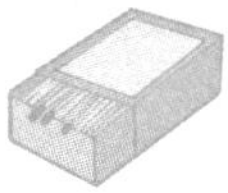

快来玩玩看：

1. 把一片绿叶放入小烧杯中，再加入95%的酒精，淹没叶片。

2. 把小烧杯放入大烧杯中，在大烧杯中倒入热水。

3. 在三脚架上放好石棉网，然后把大烧杯放在上面，点燃酒精灯加热。

4. 过一会你会看见小烧杯中无色的酒精完全变成绿色，这绿色物质就是叶绿素。

这是怎么回事：

叶绿素能溶解在酒精中。将热水加热煮沸，叶绿素就会跑到酒精中，所以酒精变成绿色。（做这个游戏时，小烧杯可用玻璃杯代替，大烧杯可用锅代替，加热可用煤气灶。）这就是分离叶绿素的方法。

129 不生锈的铁钉

铁会生锈是很自然的现象，你有不让铁钉生锈的办法吗？

你需要：

1. 三个果酱玻璃瓶

2. 冷水和热水

3. 少许油　　4. 三枚铁钉

5. 一张润滑凝胶薄纸

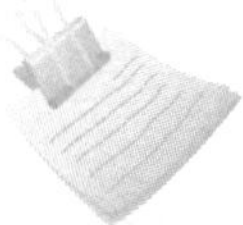

快来玩玩看：

1. 用润滑凝胶薄纸擦拭铁钉，除去上面有可能存在的生锈物质。

2. 在其中两个玻璃瓶中倒入冷水，在第三个瓶中倒入热水。

3. 在热水中滴几滴油。

4. 把其中一个铁钉放进装有冷水的玻璃瓶中，把第二个铁钉放进油和热水的混合液中。给第三个铁钉抹上油，再放进另一个装有冷水的玻璃瓶内。

5. 结果你会发现只装有水的玻璃瓶中的铁钉在几天后生锈了；而另外两个玻璃瓶中的铁钉没有任何变化。

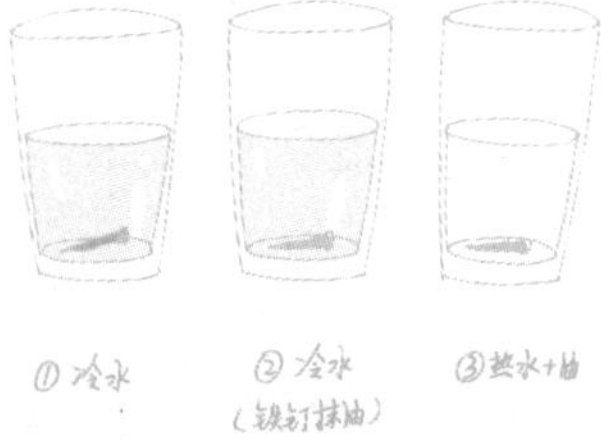

这是怎么回事：

铁生锈是由于水中的氧和铁发生了化学反应。铁钉上的油层将铁钉和氧气隔离开，防止了铁钉的氧化。由于加热时水会放出氧气，所以装有热水的玻璃瓶中不再含有氧气。在水面上倒几滴油是为了防止水在一段时间后通过扩散重新吸收氧气。浮在水面上的油可以防止空气进入水中。所以，这个玻璃瓶中的铁钉不会生锈。

130 自制保温盒

我们烧开水后就会把它灌进保温壶里保温，热乎乎的饭菜也可以装进保温盒里不会变冷。可是保温盒到底是怎么制作的呢？

你需要：

1. 一个普通的鞋盒

2. 一些棉花或报纸

3. 两杯开水

快来玩玩看：

1. 在鞋盒里加一些棉花或者报纸，就能做成一个简单的保温箱了。

2. 可以取两杯开水来做一下对比。一杯置于桌上，一杯放到保温箱中，盖上盖子，半个小时后测量温度，发现保温箱中的温度果然下降得要慢一些。

这是怎么回事：

在鞋盒里的开水之所以温度下降得慢，是因为鞋盒内的纸、棉花等是热的不良导体，并且能减少空气流通，减少了热的对流和传递。

131 离开土的植物

地球人都知道花草树木都是长在泥土里的，那世界上有没有什么方法让种子不需要任何土壤就能长成健壮的幼苗呢？

你需要：

1. 一个底部有洞的花盆

2. 一个喷水壶

3. 少许绿豆种子

4. 肥料

5. 几块小石头

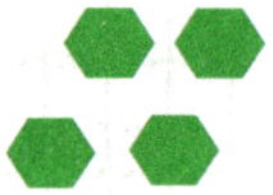

6. 一个盘子

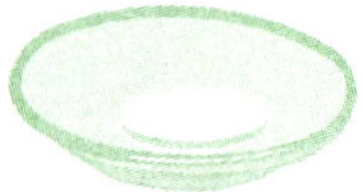

7. 珍珠石（一种吸水的园艺材料）

快来玩玩看：

1. 用石头将花盆底部盖住，再在上面放上珍珠石。

2. 用喷水壶浇湿珍珠石，轻轻地把绿豆种子均匀地撒在珍珠石上，然后把花盆放在有阳光的窗台上，保持珍珠石的湿润。

3. 几天后，绿豆种子发芽了，这时可以用水和肥料的混合物来灌溉。需要时就继续浇水，但不要浇太多。过一段时间，你会看到种子长成了健壮的小苗。

这是怎么回事：

这个想法很有创意！植物的生长需要空气、水和阳光，但不一定需要土壤，没有土壤，植物也能存活，只要给他们提供土壤中所能取得的矿物质即可，比如游戏中的肥料和水。

132 羽毛中的光谱

太阳光是由7种不同颜色的光组成的，将这7种光按顺序排列出来就叫做光谱。怎样才能看到光谱呢？

你需要：

1．一根大鸟的羽毛

2．蜡烛

3．火柴

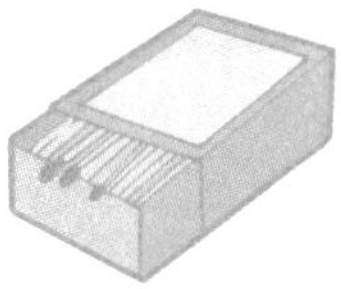

快来玩玩看：

1．在一个暗室中点燃一根蜡烛（保证室内没有光线）。

2．把羽毛紧贴着眼睛，去看一米远的点燃的蜡烛。

3．在你眼前出现的，是排列成X形状的多个火苗，而且闪烁着光谱的颜色。

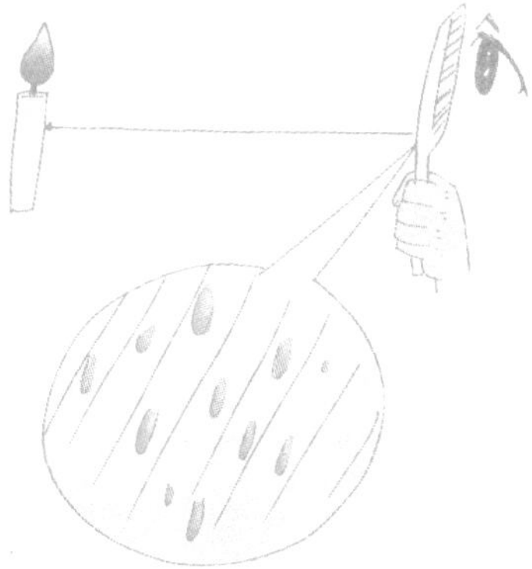

这是怎么回事：

这个现象是通过缝隙中的所谓“衍射”形成的。在均匀排列的羽毛组成的缝隙之间，存在着锐利的边缘间隙。光线通过这里时被“折断”，即被引开，并把光谱中的颜色分解。由于你是通过多条缝隙观看的，所以在你眼前出现了多个火苗。

133 热水小喷泉

你见过大自然中自己涌出的喷泉吗？其实我们自己也可以做一个小小的热水喷泉。一起来试试吧。

你需要：

1. 尖端的细玻璃管

2. 橡皮塞

3. 透明的细口玻璃杯（口径比细玻璃管稍大一些）

4. 小钻

5. 脸盆

快来玩玩看：

1. 把橡皮塞钻一个孔，孔的大小以刚好能插进玻璃管为好，玻璃管尖嘴朝上，大部分插入橡皮塞内，使玻璃管的下端刚好到细口玻璃杯的底部。

2. 把冷水倒进玻璃杯里，水的高度占杯高的1/3为好。

3. 将插细玻璃管的橡皮塞塞住瓶口，要把尖的一端朝上，瓶塞要塞紧。

4. 往脸盆中倒进热水，再把玻璃杯瓶放到脸盆中，注意观察：细玻璃管中水往上走，玻璃尖喷出了水来，水花四溅，小喷泉形成了。

这是怎么回事：

它利用了大气压强，把玻璃杯放进热水里，瓶中的空气受热膨胀，对水面的压力增大，水就被压入了玻璃管而上升，从而形成小喷泉。

134 怎样做日晷

你知道吗？太阳的影子也可以计算时间，现在我们一起来做一个简易的日晷，看看太阳的神奇之处。

你需要：

1.一张硬纸　2.一块橡皮泥

3.一个锥子　4.一瓶胶水

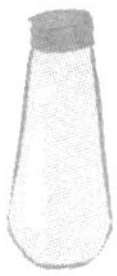

5.一根木棍

快来玩玩看：

1.在硬纸一侧长边的中心下边，放一块橡皮泥。用锥子穿过硬纸片插进橡皮泥里，钻出一个洞。

2.把木棍直立着粘在洞里，并用胶水固定好，作为指针。

3.在光照充足的上午，把日晷放在室外。每当整点的时候，沿指针投下的阴影划一道线，并在旁边注上时间。一天下来，你的日晷上就有了均等间隔的一组线。然后，你就可以用日晷测量时间了。（日晷只有在晴天时才起作用，而且你始终要把它放在同样的位置。）

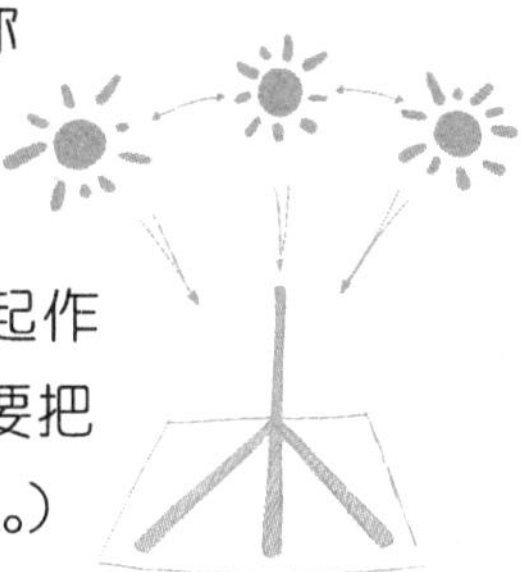

这是怎么回事：

指针在背着阳光的方向投下阴影。日晷上指针投下阴影的位置随着太阳在天上的移动而变化。其实，太阳一直都在太空中，只是地球围绕着太阳在旋转。所以，在我们看来，太阳好像从东方升起，中午升到最高点，然后从西方落下。把这个表面变化分成等份，就成了日晷。

135 手测北极星有多高

用手也能测量北极星的高度？太不可思议了。这可能吗？

快来玩玩看：

1.白天，在室外找一个可以看到北方地平线的地点，做个记号。

2.找一个晴朗而且没有月亮的晚上，站在之前做过记号的地方，在北方天空找到北斗星。顺着北斗七星勺口外缘两颗星连成的假想直线，就可以找到北极星。

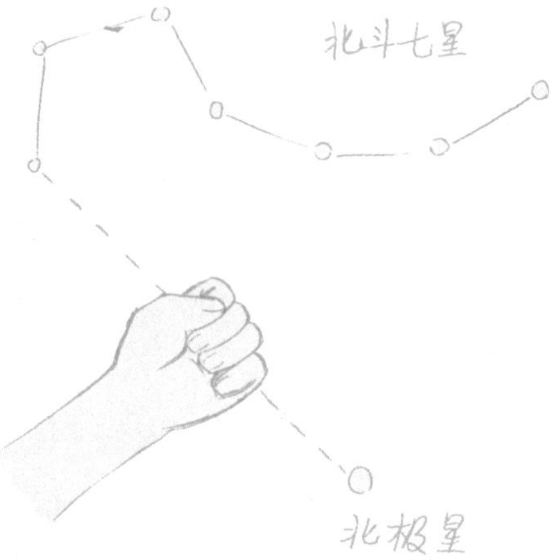

3.用你的手测量北极星在水平线上的高度，这个高度就等于你所在地区的纬度。例如：如果你量出北极星在地平线上有五个拳头高，那表示它在水平线上50°，因此你所在的纬度是北纬50°。

这是怎么回事：

当然可能，其实也很简单，不要想得很复杂！由于北极星位于北极的正上方，它在天空的高度几乎和你在地球上所在地的纬度相同，所以你可以用手测出来的高度计算出北极星的纬度。

136 神奇的水果抹布

油腻的盘子是最让人头疼的，因为它不好洗。你有没有不用清洁剂就可以洗干净油盘子的办法呢？

你需要：

1．一个苹果

2．一个油腻的盘子

3．一把水果刀

快来玩玩看：

1．用水果刀把苹果切成片。

2．用刚切好的新鲜的苹果片在油腻的盘子上抹一抹。

3．你会发现盘子上的油腻都消失了。

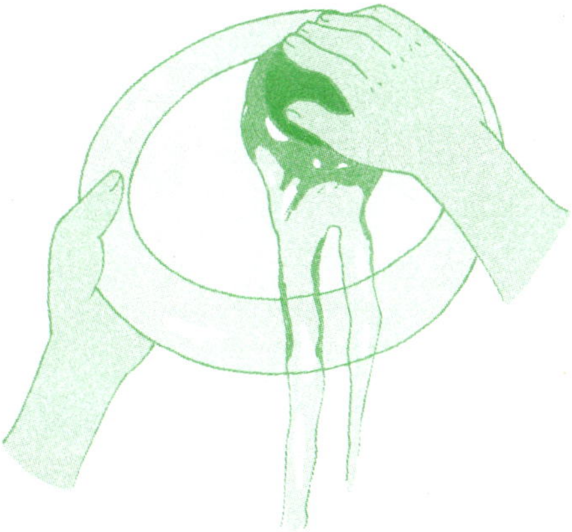

这是怎么回事：

原来苹果中含有果酸，尤其是刚刚切开的苹果，其切片表面果酸的含量较多。用苹果切面在盘子上抹一抹，果酸会与盘子上的油腻发生化学反应，生成可溶于水的物质。所以，盘子上的油腻就被水果抹去了，盘子用水一冲就干净如新。

137 纸娃娃跳舞

要说你会跳舞，我相信，可是要说纸娃娃也会跳舞，你相信吗？

你需要：

1.一盒火柴

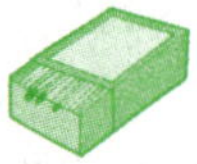

2.一根较长的漆包线

3.一根细铁丝

4.一卷胶带

5.一把剪刀

6.一节1.5伏干电池

7.一张硬纸板

快来玩玩看：

1.用剪刀把硬纸板剪成一个纸娃娃，纸娃娃要左右对称。

2.用漆包线绕火柴盒24圈，并且两端各留出10厘米作为接头。

3.把6厘米长的细铁丝弯成形，前后穿过火柴盒里面（稍比火柴盒长一点，在盒外留出一小截），与线圈形成垂直的位置。

4.用胶带将纸娃娃固定在火柴盒外边的铁丝上，保持平衡。

5.将线圈一端用胶布粘在电池负极，拿着线圈的另一端断断续续去触击电池正极，纸娃娃就开始不停地跳舞了。

这是怎么回事：

线圈的一端断续接触电池，致使线圈不断出现通电现象。当有电流经过线圈时，它的周围会出现磁场，电流时断时续，使得磁场强度不断变化，导致细铁丝出现一吸一放的情况，粘贴在上面的纸娃娃也就开始“跳舞”了。

138 醋电池

为什么一节小小的电池就可以为灯泡提供电源，电池里的电是从哪里来的呢？

你需要：

1. 一个小灯泡

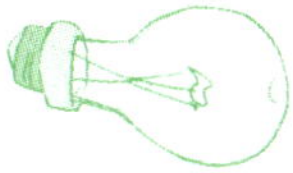

2. 两根电线

3. 一个玻璃盆

4. 一瓶醋

5. 一片铜片

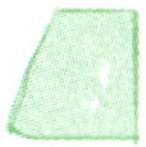

6. 一片锌片

7 一枚回形针

快来玩玩看：

1. 将灯泡插在灯座上，两端各连接上一根电线。

2. 在玻璃盆中倒入醋作为电池的电解质。

3. 将两根电线的另外两端用回形针分别固定在一片铜片和一片锌片上。

4. 把铜片和锌片放入醋中去，灯泡就发亮了。

5. 取出金属片，再将电线两端放入醋中，灯泡就无法变亮了。

这是怎么回事：

玻璃盆里放醋是模拟常用的干电池，干电池的锌片内包含有电解质和带微孔的碳棒，化学反应之后就产生了电。玻璃盆中的锌片和铜片也起到相同的作用。去掉金属片，电解质无法发挥作用，小灯泡就无法变亮了。

139 自制指南针

在野外环境中，指南针能帮我们辨清方向，你知道指南针怎样做吗？

你需要：

1. 两根缝衣针

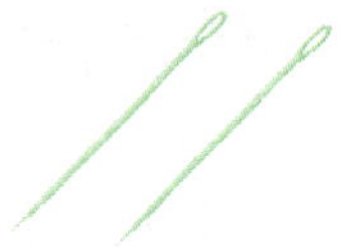

2. 一块条形磁铁

3. 一个子母扣

4. 一根大头针

5. 一张厚纸片

快来玩玩看：

1. 把两根缝衣针用条形磁铁的一个极沿同一方向摩擦数十次，使它们磁化，成为磁针。

2. 把这两根磁针平行地穿过子母扣上的四孔中。穿针前先将子扣捏瘪些。

3. 把一根大头针刺过厚纸片，使针竖直立起，针尖向上。将穿好磁针的子扣顶在针尖上。调整磁针的位置，使磁针能和子扣一起水平地自由转动。根据磁针静止时的指向确定它们的南北极。就这样，指南针做好了。

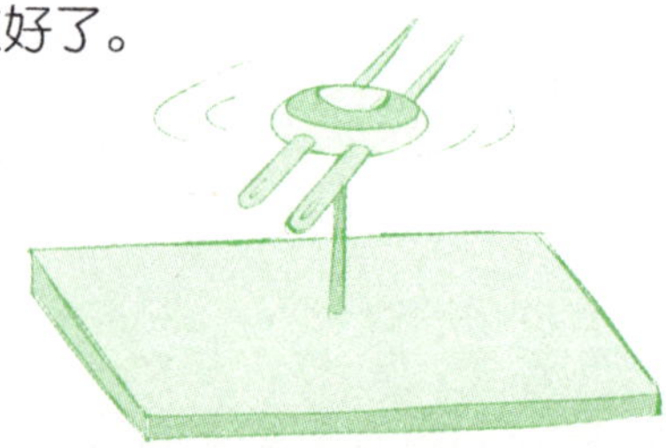

这是怎么回事：

地球是个大磁体，其地磁南极在地理北极附近，地磁北极在地理南极附近。指南针在地球的磁场中受磁场力的作用，所以它会一端指南，一端指北。

140 小小降落伞

在电视里，看着降落伞从高空降落，真是又刺激又美丽。你是不是希望自己也能制作一个降落伞呢？

你需要：

1. 塑料袋

2. 十六根细绳

3. 剪刀

4. 一个玩具小人

快来玩玩看：

1. 把塑料袋剪下一块边长为30厘米的正方形薄膜。按照对角线依次折叠4次，得到一个小的三角形。

2. 将三角形的斜边剪成扇形，展开之后就能得到16等份的半圆形。

3. 在16等份的褶痕上粘上16根细绳，细绳可以适当长一些，将16根细绳尾端收拢，打成一个结。

4. 把玩具小人固定在细绳末端。

5. 找一个高一点的地方，将细绳环绕薄膜整理好，将它们往高空抛出，就能看见小降落伞徐徐展开，带着玩具小人翩翩降落了。

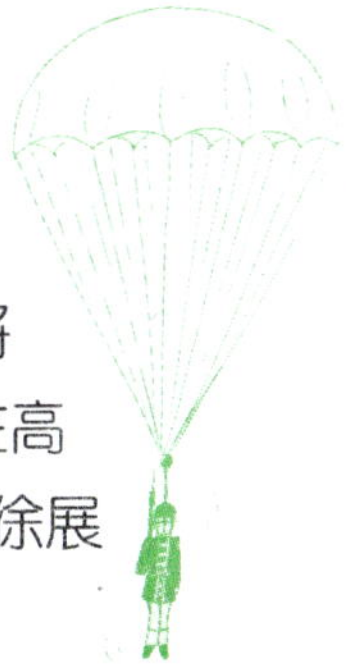

这是怎么回事：

地球上的物体都要受到地心引力的作用。当我们把薄膜往空中抛时，加上玩具小人的作用，它们就会往地面降落。按照常理，玩具小人应该快速降落，但是薄膜展开，伞面受到了空气的阻力，在气流的作用下，使得它能够平稳地飘落下来，从而减少伞兵因高空坠落造成的伤害。

141 自制喷气船

你见过喷气船吗？我可是会自己制作它。怎么样，想不想学呢？

你需要：

1. 金属小铁盒

2. 易拉罐

3. 铁丝

4. 蜡烛头

5. 火柴

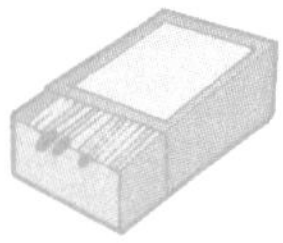

6. 小钻

7. 铁皮盖子（面积比易拉罐底部大）

快来玩玩看：

1. 先在易拉罐里面装约为 1/3 的水。

2. 把易拉罐用铁皮盖子堵住，不让里面的水流出来，在盖上钻一个小眼。

3. 用铁丝将易拉罐固定在金属小铁盒上方，在易拉罐下面放几节蜡烛头，点着蜡烛头以后，易拉罐里的水过一会儿就会烧开，蒸汽就会从小眼里喷出来，推动小铁盒向另一个方向前进。就这样，一个简易的“快艇”就做好了。

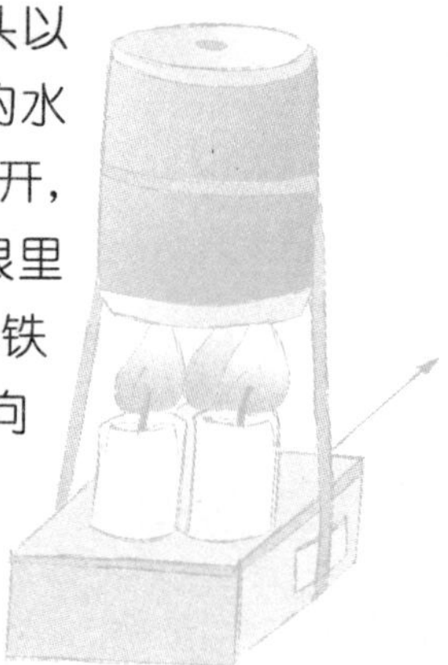

这是怎么回事：

这个装置的原理是蜡烛的燃烧将水转换为蒸汽，用蒸汽推动船向前进。如果你希望船速加快，就要把火烧得更旺一些。早期的蒸汽式火车就是运用这个原理在铁轨上运行的。

142 扔不掉硬币的手指

我们生活中大多数事情都是用双手去做的。可是有一种很简单的手指动作却是任何人都做不到的，不相信你就试试看。

你需要：

一枚硬币

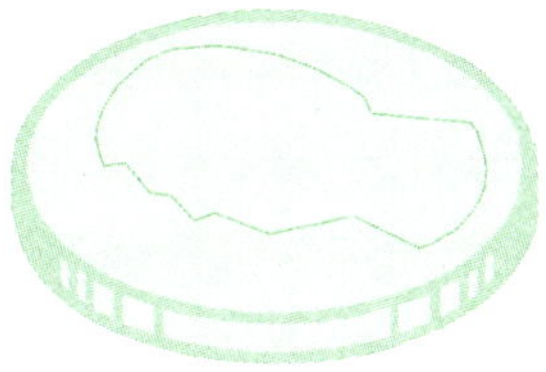

快来玩玩看：

1.把无名指指尖相对，其他手指弯曲，直接相碰，把硬币放在无名指尖中间。

2.不能把手指错开，尽力把硬币扔下来。

3.你会发现无论你怎么使劲都不能使硬币掉下来。

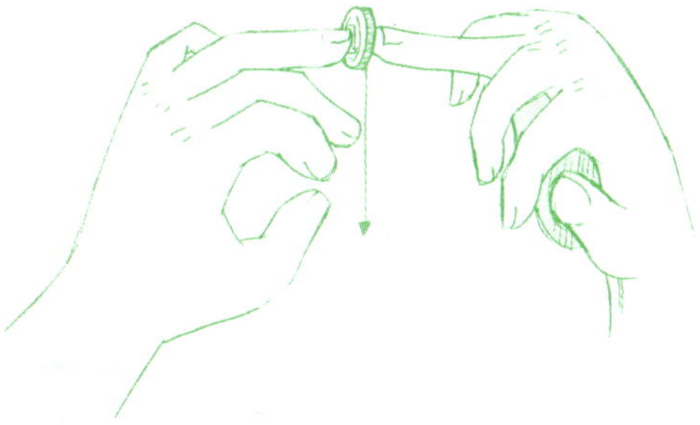

这是怎么回事：

无名指不能独立于其他手指而单独运动，韧带把它与其他手指连在一起，特别是中指，中指不动，无名指根本就动不了。所以，扔硬币是不可能的。

143 制造小琥珀

琥珀是大自然的宝贝，它的形成过程经常很受人们关注。那么，我们能人造一个琥珀吗？

你需要：

1.一个易拉罐

2.一个死掉的小昆虫

3.一个酒精灯

4.十克松香

5.一盒火柴

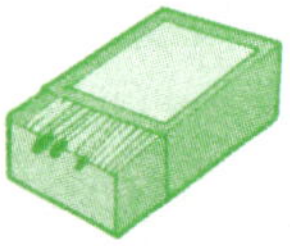

6.一把小刀

快来玩玩看：

1.先用小刀把易拉罐的盖子撬开，把小昆虫放在盖子上。

2.把松香放在易拉罐内加热，松香融化后，就停止加热。

3.待它冷却不再冒青烟时，倒在盖子上的小昆虫身上。

4.待它逐渐冷却、凝固后，一个栩栩如生的人造“琥珀”就做成了。

这是怎么回事：

松香的颜色类似于琥珀的颜色。给松香加热，它就会由固体变为液体，如同水状，并会冒出青烟；当冷却时会变得黏稠，然后再倒在某种昆虫的身上，冷却后松香不会流淌。

144 谁的反应慢了

按照以下的规则，和朋友一起来做这个游戏，你会发现他永远都赢不了，这是怎么回事呢？

你需要：

一张纸币

快来玩玩看：

1.取一张纸币举在朋友微开的手掌上方，然后请朋友在纸币落下时，用手抓住。

2.你会发现他永远不会成功。（是谁的反应慢了？）

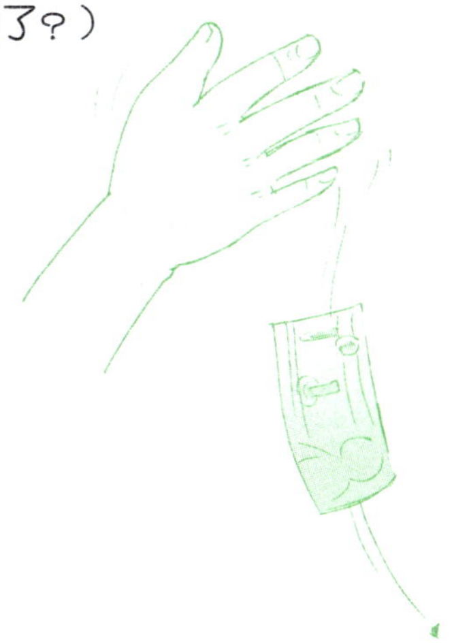

这是怎么回事：

当眼睛看到纸币落下，它首先传给大脑一个信号，从那里再向手发出“抓住”的指令。但这需要一定时间。如果你自己做这个试验，就会成功，因为下落的信号和抓住的指令是同时发出的。从认识到反应之间的时间差，称为“反应时间”。

145 嘴唇运火柴

什么？嘴唇也能搬运火柴？这可不是用嘴唇直接去叼哦，到底是怎么回事呢？

你需要：

1. 一盒火柴

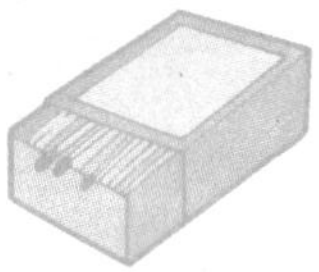

2. 一张平滑的桌子

快来玩玩看：

1. 把火柴盒里的火柴并排摆放在桌子上。

2. 用嘴唇夹住火柴盒套，放在一排火柴上，然后深吸一口气！火柴将吸附在盒套上，就像是贴上一样，任凭你提起和运走。

这是怎么回事：

通过吸气，火柴盒套中的空气变得稀薄，产生了低气压。而外面的正常大气压就把一排火柴压在盒套底部开口处。如果你猛然吸一口气，甚至单独一根火柴也能被吸住。

146 吸管穿土豆

我们喝饮料用的吸管很软，轻轻一折就弯了。可是，我却能用它刺穿土豆。你知道这是怎么回事吗？

你需要：

1.一根吸管

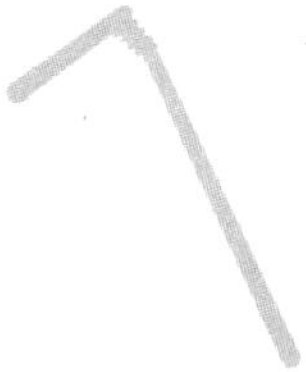

2.一个土豆

快来玩玩看：

1.在拇指上垫一块布再按住吸管的一端，以最快的速度往土豆里插。

2.奇迹发生了，吸管插进土豆里去了。

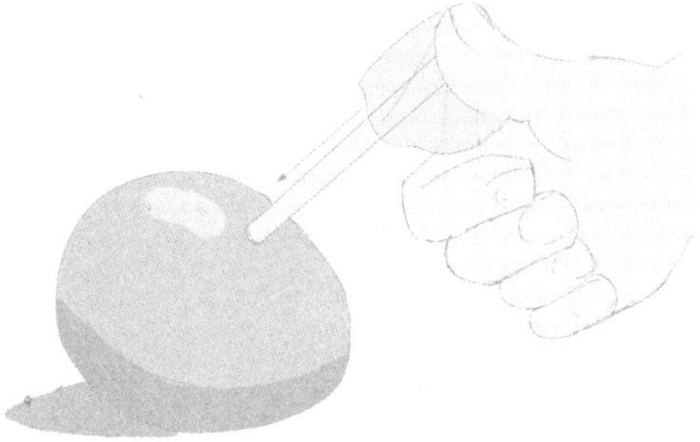

这是怎么回事：

并不坚硬的塑料吸管能将土豆穿过，这里也是借助大气压的作用。用拇指按住吸管的上端，也就把空气留在了吸管里，再往下插的时候，空气被封在里面，使得软弱的吸管就变得坚硬起来，所以就能插进土豆，甚至还可以穿透土豆呢！

147 揉皱的镜子

只要是能完整映照出影像的东西，我们都能称之为镜子。可是有些“镜子”并不是任何时候都能映照出影像。这是怎么回事呢？

你需要：

一张平整的铝箔

快来玩玩看：

仔细观察铝箔的正面，你会发现它的正面闪闪发光，非常明亮。用铝箔的正面照一照你的脸，可以看到平整的铝箔就像镜子一样，很清晰地照出了你的头像。但是如果把铝箔揉成一团，然后展平。再照一照你的脸，你就会发现头像不见了。为什么平整的铝箔可以做镜子，而揉皱的就不行呢？

这是怎么回事：

这是因为当光线投射到一个光滑平整的平面上时，这个平面就会以同样的角度将光线反射回来。没有揉皱的铝箔就是这样一个光滑平整的平面，头部投射到铝箔上的光线会沿原路返回，因而从铝箔中能够比较清楚地看到镜像。然而，揉皱的铝箔会向不同的方向反射光线，此时，铝箔中就无法形成一个完整的镜像。

148 切不断的纸

一张纸看起来很单薄，可是隔着纸用刀切土豆你却不能把纸给切断，这是为什么呢？

你需要：

1.一把刀

2.一张纸

3.一个土豆

快来玩玩看：

1.把纸对折，并把刀刃面向纸折处。

2.然后用这把夹着纸的刀切土豆，土豆切开了，你会发现纸却没有被切破。

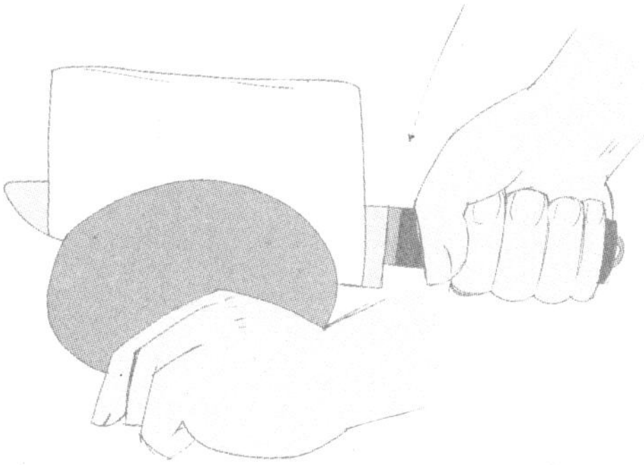

这是怎么回事：

原来纸随着刀刃切入土豆，刀刃对纸纤维的压力，得到了土豆的反压力。纸之所以不会被切破，是因为土豆比纸纤维软。即使是切一个未熟的果实，纸的纤维也能够经受得住。但如果你把上面的纸捏住，那就将缺少反压力的平衡，纸就会被切断。

149 拔砖比赛

一块砖谁都能一只手把它拿起来，可两个人“拿”的时候却拿不起来。这是怎么回事呢？

你需要：

1. 一根两米长的绳子

2. 一根短一点的绳子

3. 一块砖头

快来玩玩看：

1. 先用短绳子把砖头系好。

2. 再把系了砖头的短绳子系在粗绳子的中央。

3. 一切准备就绪。裁判一声令下：要求参赛的两名队员把吊着砖头的这根粗绳子拉直扯平就算获胜；如果绳子没有拉直，就算砖头获胜。结果谁也没有拉直绳子。

这是怎么回事：

原来，这是力在作怪。当绳子垂直吊着砖头的时候，两人所用的力，等于砖头本身的重量。当两人向两边拉绳时，所用的力与水平方向成一定的角度，在这种情况下，施加的力必须大于两人所克服的砖头所受到的重力。所用的力与水平方向成的角度越小，所需要的力也越大。这就是为什么越把绳子拉到接近水平位置，越是要花大力气的原因。实际上就是绳子被拉断了，也不会被拉成直线的。

150 谁先落地

老师说，硬币和纸可以同时落地，我真是不敢相信：它们一个轻一个重怎么可能同时落地呢？

你需要：

1. 一枚1元硬币

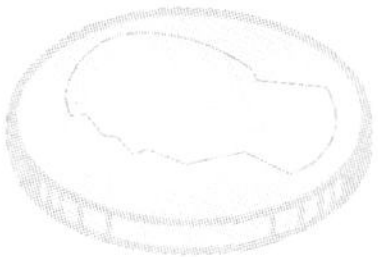

2. 一张白纸

3. 一把剪刀

快来玩玩看：

1. 用剪刀剪出一个和硬币一样大的纸片，把纸片压在硬币上，放在同一只手上。

2. 拿着硬币的边缘，把它们往下丢，发现硬币和纸同时落地。（注意拿硬币时不要碰到纸片）

这是怎么回事：

当硬币在空气中快速下落时，它会拉住紧跟在后面的空气，硬币上方的气压会把纸片紧紧地压在硬币上，所以纸片会贴紧硬币同时落地。但如果有空气进到它们中间，它们就会分开，纸片会以飘动的姿态落地而不是和硬币一起掉到地面。

151 失踪的头发丝

我们都知道，毛发是最不容易腐烂的物质，即使在水中泡很久也泡不烂。但下面这个试验却能将很难折断的头发丝轻易溶化。

你需要：

1.一个饮料瓶

2.一小瓶漂白剂

3.一把小勺

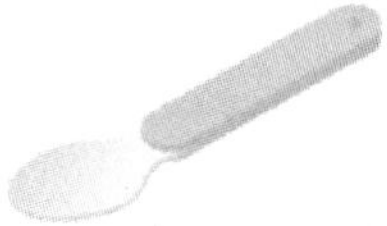

4.二十根左右头发丝

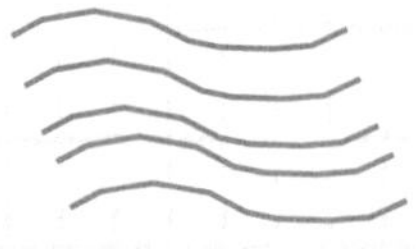

快来玩玩看：

1.在饮料瓶里放入20根左右的头发丝，再倒入1/4左右的漂白剂。用小勺摁头发丝，以便让头发丝完全浸泡在漂白剂里，并放置30分钟左右。

2.30分钟之后，我们观察饮料瓶，会发现漂白剂表面产生泡沫的同时，在头发丝上可见到小泡。头发丝部分被溶化了。这是什么原因呢？

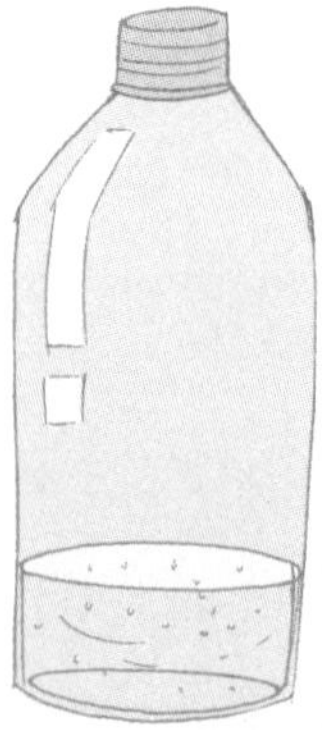

这是怎么回事：

漂白剂属碱性，头发属酸性。它们发生了化学反应。像这种酸和碱相遇所产生的反应叫“中和反应”。

152 会生根的蛋壳

光溜溜的鸡蛋壳也能生根，真是很奇怪！这究竟是怎么回事呢？

你需要：

1.一颗太阳花种子

2.一个鸡蛋壳　3.一个玻璃杯

4.少许土壤　5.一杯水

6.一个小筛子

快来玩玩看：

1.把太阳花种子放在一个玻璃杯中，然后向玻璃杯中注入适量的水，让种子浸泡一夜。第二天，用筛子把种子从玻璃杯中滤出，放在一边备用。

2.在鸡蛋壳中加入一半比较湿润的土壤，然后把太阳花种子埋进土里。

3.将玻璃杯中的水倒掉，把蛋壳小心地立放在玻璃杯中，放在阳光充足的阳台上。每天向土壤中浇少量的水。

4.五天后，把蛋壳从玻璃杯中取出来。这时，你会发现太阳花的根从蛋壳底部钻出来了。

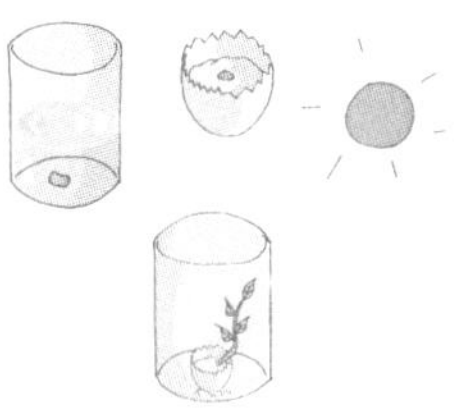

这是怎么回事：

太阳花的种子在湿润的土壤中发芽，生出了胚根，并且在土壤中扎根下来，从土壤中吸收水分和营养。渐渐地，茁壮成长的胚根就像一根根强有力的针，从蛋壳中穿透出来，看起来好像是蛋壳生了根一样。

153 美丽的万花筒

你玩过万花筒吗？缤纷绚丽的图案，每摇一次，都会变得不一样，你想不想自己也制作一个呢？

你需要：

1.硬卡纸　　2.胶带

3.一些颜色鲜艳的小纸片

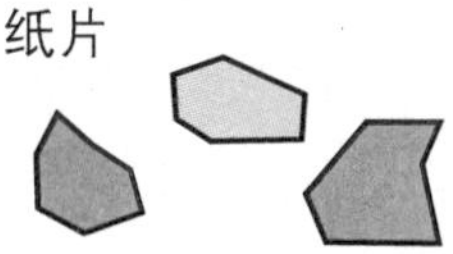

4.三块同样的三角形镜片

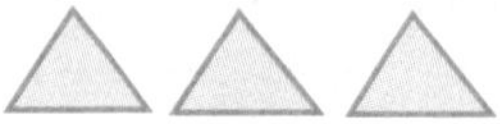

5.半透明的描图纸

快来玩玩看：

1.将3块三角镜片镜面朝内拼合在一起，形成一个三角柱，用胶带小心地粘好。

2.用硬卡纸做成一个三角形的盒子，底面大小同三角柱一致。

3.将半透明的描图纸剪成三角形状，粘在三角柱的底面。再用剩下的硬卡纸剪成一个三角形，并在三角形中央挖一个小洞，贴在三角柱的上面。

4.最后，把颜色鲜艳的小纸片放进盒子里，封好口。一个漂亮的万花筒就做好了。

5.把万花筒的底端朝向有光的地方，透过另一端小孔看万花筒的里面，就会看到非常漂亮的图案。然后摇一摇再看，就会发现又变成另外一幅漂亮的图案了。

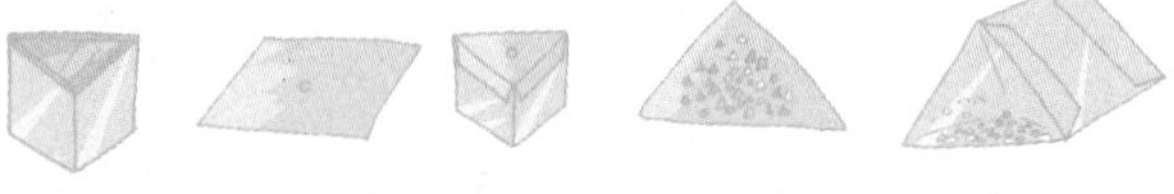

这是怎么回事：

把万花筒朝向明亮的地方看，光线会从半透明的描图纸中透进去，照在彩色的小纸片上。而万花筒里面的小镜子就会把彩色纸片上的光线反射好几次，最后形成美丽的图案。而每次摇动一下之后，小纸片的位置发生了变化，而光线也会变化，因此就形成了不同的图案。

154 霜的出现

在深秋、冬季或者春初的时候，我们在早上的一些室外的物体上可以看到霜。那么霜是怎么形成的？

你需要：

1.一个玻璃瓶　2.一支温度计

3.一块湿布　4.一双筷子

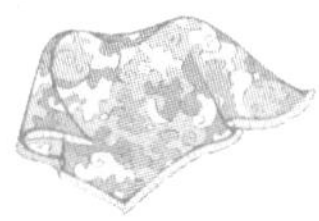

5.少许冰块和盐

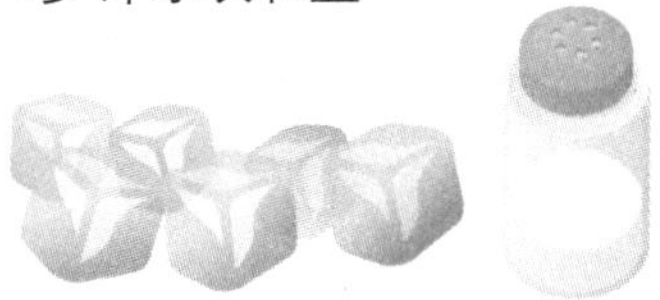

快来玩玩看：

1.先把冰块装入玻璃瓶中，再加入一些盐，用筷子搅拌使它们均匀混合。

2.摊开湿布，在上面放上筷子，调整两支筷子的距离，让玻璃瓶可以稳稳地放在筷子上面。这时，我们可以测量以下玻璃瓶中冰盐混合物的温度，它应该在 0℃以下。

3.过一会儿，在玻璃瓶的外壁上就会出现白色的霜雾。这是因为玻璃瓶外面的水蒸气遇到了 0℃以下的空气而在瓶壁上直接形成的。

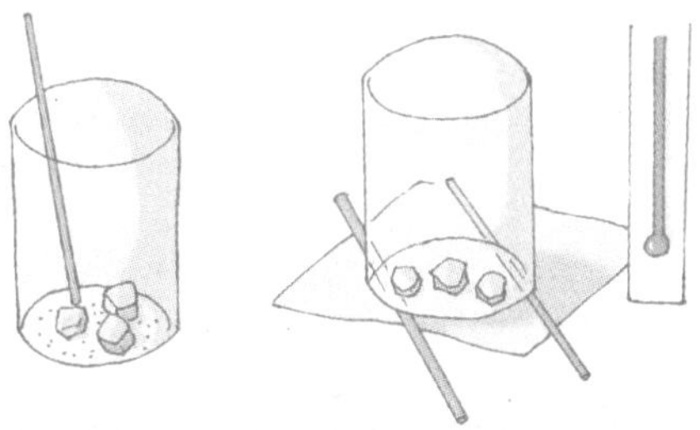

这是怎么回事：

在寒冷季节的夜晚，空气中的水蒸气遇到地面附近 0℃以下的物体，就会直接在上面结成小冰晶——霜。如果空气中的水蒸气在空中受到 0℃以下的温度而结成小冰晶，那么就形成了雪花。

155 海市蜃楼

海市蜃楼是一种奇特的自然现象。但我从没见过，博士，能否做个人工海市蜃楼让我看看？

你需要：

1. 一个长方形的鱼缸

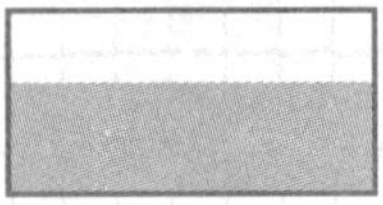

2. 浓盐水

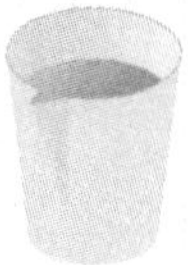

3. 一些小玩具

4. 一个手电筒

快来玩玩看：

1. 把一个长方形的鱼缸放在桌面上。

2. 先放入浓盐水，然后再慢慢注入清水，动作要缓慢，这样，清水会漂在盐水上。

3. 把一个小玩具放在鱼缸的窄面，用手电筒照亮它，从鱼缸的对面看，除了在鱼缸的下面能看到玩具外，在顶部也可以看到一个。

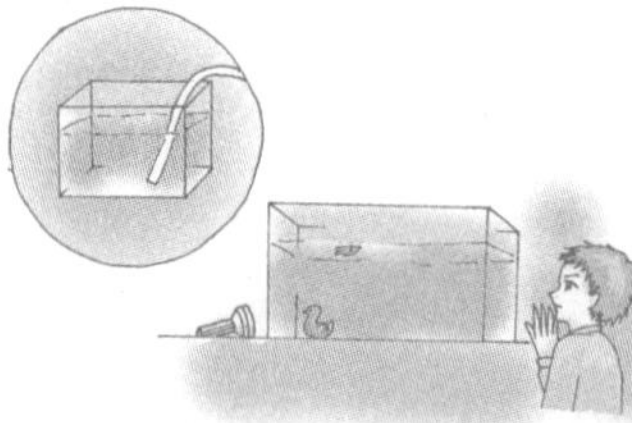

这是怎么回事：

这个试验的原理和“海市蜃楼”是一样的。在城市中，我们也能见到这种神奇的现象。在晴朗炎热的夏天，你找一段笔直的柏油路面，向前看，你会看到一小摊水在阳光下闪烁。然而迎面开来的汽车穿过这摊水时，却不会溅起一滴水。走近观察，发现小水潭只不过是个“虚幻的湖泊”。再向前看，远处的路面又会产生另外一个同样的幻景。这就是海市蜃楼。

156 站不直的身体

身体健康的人都能站直身体。可是下面这个游戏却能让你的身体怎么也站不直。

快来玩玩看：

1. 让脚尖顶着墙壁站立，然后向后移动 4 个脚掌长。

2. 双脚并拢，双手撑住墙，身体尽可能地向墙壁倾斜。

3. 把你的额头轻轻地靠在墙上，双手缩回到身体两侧。结果发现，在双脚不动、双手不动的情况下，无论你使多大的劲就是站不直。

这是怎么回事：

这其实考的是一个重心问题。当你按要求距离墙 4 个脚掌长，头靠墙壁，双手放在身体两侧的时候，自身的重心都落在你的双脚上，而不是均衡地分布在身体的各个部位，所以你就无法站直了。

157 爆裂的石头

你见过那些轻轻一点就让一大块石头爆裂的“武林高手”吗？其实在冬天，你也可以不用什么工具就让一块石头爆裂开呢。

你需要：

1.一块冻透了的石头

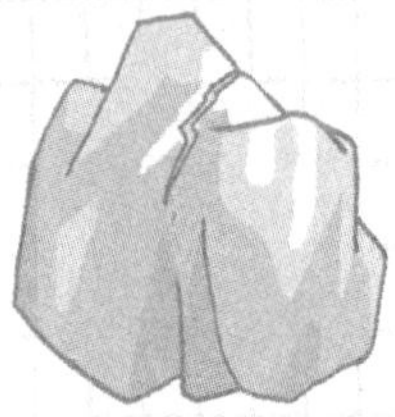

2.一壶开水

快来玩玩看：

1.在屋外找一块冻透的燧石。（安全起见，不要选择太大的。）

2.用开水浇在上面，你会发现它“轰”的一声爆裂开了。

这是怎么回事：

原来，石头之所以会爆炸，是因为开水的浇灌使石头的外表迅速升温，内外产生不同的张力，使石头裂开。以同样的方式也可以使厚玻璃酒杯爆裂，只要在里面倒入过热的液体。玻璃导热能力差，因此就出现了各个层次的不同膨胀现象。

158 魔法定身术

动画片中齐天大圣孙悟空的“定身术”实在太棒了，真是太有趣了。可是，真的有定身术吗？

你需要：

邀请两个朋友一起玩

快来玩玩看：

1. 将身体站直，双手各握住同一侧的肩膀，把胳膊肘尽量放平。

2. 你的两个朋友站在你的两边，他们分别托着你的胳膊肘，即使出最大力气，使劲抬你，但怎么也抬不起来。

这是怎么回事：

由于你已经把胳膊肘放在离身体重心较远一点的地方，这样克服体重的阻力所需要的力就更大，所以你的身体如同被施了孙悟空的“定身术”一样一动不动。胳膊的角度是这个游戏成败的关键。如果你的朋友想把你抬起来的话，必须把你的胳膊肘收回到身体两侧，这样就很容易把你抬起来了。

159 自动举起的手臂

正常情况下，人身体各部位的运动都是由大脑控制的，但是只要稍微改变一下姿势，就能使手臂自动举起来。这是真的吗？

快来玩玩看：

1.站在门口，用你的手抵住门框，用力压住门框30秒左右。

2.放下来，放松自己。如果你不下意识地抑制手臂，它会自动地举起来。

这是怎么回事：

只有神经系统命令肌肉收缩时，手臂才会举起来。当你的手臂压在门框上时，门框使你的手臂无法移动。然后，你离开门框，放松手臂。但是这个时候你的肌肉依然处在收缩状态，只要你不有意识地控制手臂，它就会自动举起来。

160 用手指读书

你知道什么是盲文吗？盲人无法用眼睛来阅读，当他们想要学习的时候，就需要用手去识别盲文。

你需要：

1. 一根可以遮住眼睛的布条

2. 一张硬纸片

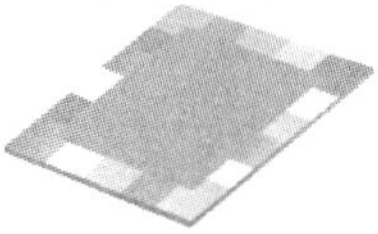

3. 一枚针

4. 一支笔

快来玩玩看：

1. 在硬纸片上写“科学游戏”几个字，不让你的朋友看见。

2. 用针从反面在这些字上扎出排序整齐的洞。

3. 拿布条将朋友的眼睛遮起来，让他用手指摸字。

4. 结果，即使不看纸片，他也能认出这几个字。

这是怎么回事：

手指指端的皮肤高度灵敏，那里有很多神经感受器，能敏锐地觉察凹凸的变化。当手指接触到这些凹凸不平的笔画时，头脑中就会浮起字的形象。所以，即使不看纸上的字，也能用手指将每个字准确地辨认出来。盲人就是根据这个道理来认字的。

161 月亮的姿态

你见过多少种姿态的月亮呢？是圆的？是半圆的？还是月牙状的？为什么月亮会有那么多姿态呢？

你需要：

1.一盏台灯

2.一个小皮球

3.一支铅笔

快来玩玩看：

1.打开台灯，站在灯泡的周围。将铅笔的一端插入小皮球中。

2.在距离灯泡半米远的地方举起皮球，缓慢移动皮球，使其绕头旋转一周，可以发现随着皮球的移动，皮球上的阴影也在不断地发生变化。

这是怎么回事：

在这个游戏中，皮球代表着月亮，灯泡代表太阳，自己的头代表地球。皮球上的阴影从无到有、从少到多，再从多到少，从有到无。这说明随着月亮围绕地球转动，其相对位置不停地变化，反射太阳光的部分有时增加，有时减少。所以，从地球上看，移动的月亮会出现不同的姿态。

162 不能相遇的笔尖

把两支铅笔尖对尖碰在一起，是很简单的事情，可是在这个游戏里，你却常常不能做到。这是为什么呢？

你需要：

两支削好的铅笔

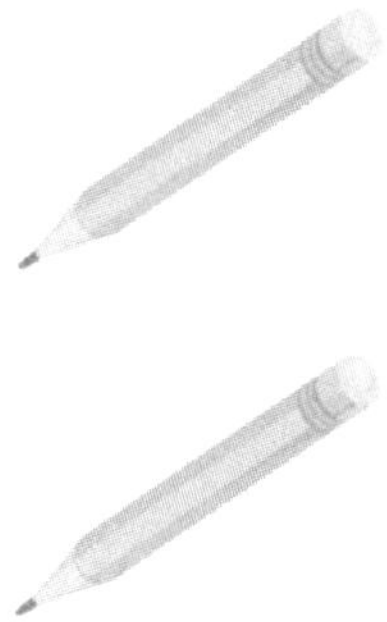

快来玩玩看：

1.两手各拿一支削尖的铅笔，让笔尖相对，距离60厘米左右。

2.闭上一只眼睛，将两支铅笔尖慢慢向中间靠拢，试试看是否能使它们相碰。

3.结果，两只笔尖总是错过，不能碰在一起。

4.请你的朋友和你一起，两人各拿一支铅笔，两人都闭上一只眼睛，慢慢将铅笔尖靠拢，再试试能否使它们相碰。结果，铅笔尖仍然会错过。

这是怎么回事：

在游戏中，你或你的朋友闭上一只眼睛时，你们所熟悉的深度感没有了，也没有计算目标距离的双目视觉（用两只眼睛看）。于是，像铅笔尖这样的小物体，就很容易错过。所以你们不能使笔尖相碰。

163 不向前跳向后跳

有一种姿势能让我们向后跳跃，却无法向前移动半步，这可真奇怪！你知道那是什么样的姿势吗？

快来玩玩看：

用双手抓住你的脚指头，膝盖略微弯曲，发现这个姿势可以向后跳跃，却无法向前移动半步。这是怎么回事呢？

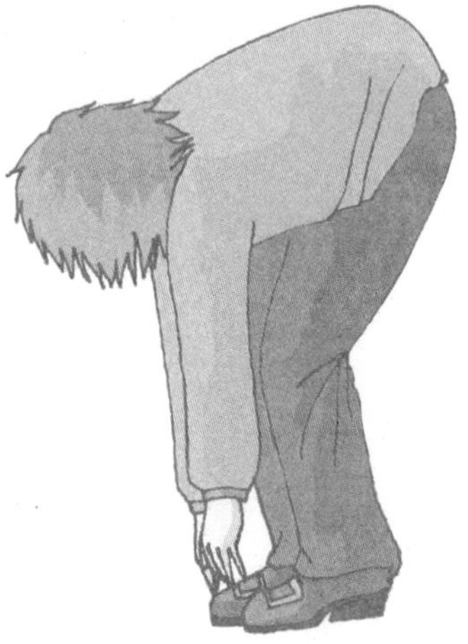

这是怎么回事：

手抓脚指头向后跳时，双脚首先离地，人体的支撑部分首先移动，重心使身体仍然维持平衡状态，所以向后跳是能办得到的。手抓住脚指头向前跳，重心必须比支撑部分先移动，向前一跳那非摔跟头不可。如果人体的重心不移动而向前跳跃，腿部的肌肉必须十分强有力才能办到，这时腿部不仅要使身体离开地面，而且在跳跃中还要支撑处于不平衡状态的身体，这是一般人所做不到的。

164 看见了声音

声音也能够被看见吗？这个真的有点困难，但是，我们能够通过一些方法看到声音的振动。

你需要：

1.一个空罐头盒 2.一把剪刀

3.一个破气球 4. 一根橡皮筋

5.一块衬衣纽扣大小的破镜片

快来玩玩看：

1.先把空罐头盒的两头打通，然后从破气球上剪下一块橡胶皮，用皮筋把它紧紧绷到罐头盒的一头。

2.再把碎镜片粘到空罐头盒的橡胶皮上。粘的时候，注意不要粘在橡胶皮的中心，只要粘在橡胶皮的边就行。

3.“看”声音的时候要有太阳。对着太阳，站在一堵墙前，距墙的距离三四米远即可。拿起罐头让有橡胶皮的一端对着墙，让碎镜上反射的光投到墙上。这时，你对着空罐头盒的敞口端拉长音喊，就像演员练声一样变着调喊，镜片那边就会随着不同的声音产生振动，墙上的光点就会产生不同的图形。这样，你就“看到”了声音。

这是怎么回事：

各种机械都会产生振动，这些振动实际上就是声波的振动。

刚才我们自制的装置其实是一个“光线示波器”，用它来显示声音的振动，也能让我们“看到”声音的振动。

165 晴雨花测天气

最近天气变化无常，要是能自己预测天气就好了。

你需要：

1.一张粉红色的纸

2.水

3.食盐

4.一盆花

快来玩玩看：

1.用一张粉红色的纸，做成一朵纸花，在花上涂上浓食盐水。

2.再把纸花插到花盆里。

3.然后通过观察纸花颜色的变化，就可以知道天气变化情况：花的颜色变淡，天气一定会放晴；花的颜色变深，会出现阴天或雨天。

这是怎么回事：

用浓食盐水浸泡过的纸花，容易吸收水分。阴天，气压低，空气的湿度大，纸花吸收水分会显得深暗一些；晴天气压相对较高，纸花吸收不到水分就会显得淡一些。

166 花生撑破玻璃杯

小小花生米竟然能把玻璃杯撑破，它的力量真有那么大吗？这究竟是怎么回事呢？

你需要：

1.花生米若干

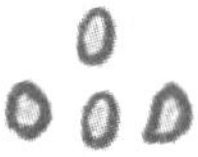

2.一个旧铁皮罐

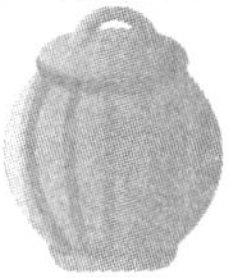

3.一个玻璃杯

4.一根筷子

5.石膏

快来玩玩看：

1.在旧铁皮罐中放入适量的石膏，加水搅拌，直至搅拌成一份黏稠的石膏糊。

2.把花生米放入铁皮罐的石膏糊中，并用筷子搅拌均匀。搅拌完后，把花生米和石膏糊的混合物倒入玻璃杯中。

3.第二天，发现玻璃杯的杯壁上出现了裂缝，过一段时间后，杯子竟然裂开了。

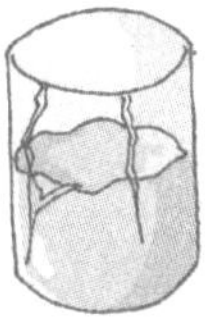

这是怎么回事：

花生里都含有大量的亲水物质，很容易吸收石膏糊里的水分，吸水后体积就会膨胀，最终把玻璃杯给撑破了。

167 水中放大镜

我们知道，放大镜可以帮我们放大物体，以便看得更清楚。可是，如果把放大镜放进水里，它还会有放大的作用吗？

你需要：

1. 放大镜

2. 水

3. 刀

快来玩玩看：

1. 把刀放在水盆里。
2. 把放大镜放在水中观察刀，看刀有没有被放大。

这是怎么回事：

原来，放大镜的原理是取决于玻璃的曲率和光在空气与玻璃中传播的速度差。而水和玻璃中的光速差没有空气和玻璃中的大，所以放大镜不能有效地放大图像。

168 蜡烛变重了

蜡烛比水轻，所以把蜡烛放进水里，它总是浮在水面上。可是，科学家却说蜡烛其实也能沉入水底，这是怎么回事呢？

你需要：

1. 一个透明的玻璃水槽

2. 一段短而粗的蜡烛

3. 一只透明的玻璃杯

快来玩玩看：

1. 在玻璃水槽里盛入约2/3容积的清水。

2. 将蜡烛头放入水中，它应当漂浮在水面上。

3. 再用玻璃杯罩住水面上的蜡烛，然后松开手。

4. 随着杯子渐渐下降，杯内的水面也在降低，蜡烛也跟着往下沉。等到杯口碰到水槽底部时，如果你的操作得当，蜡烛也几乎沉到槽底了。

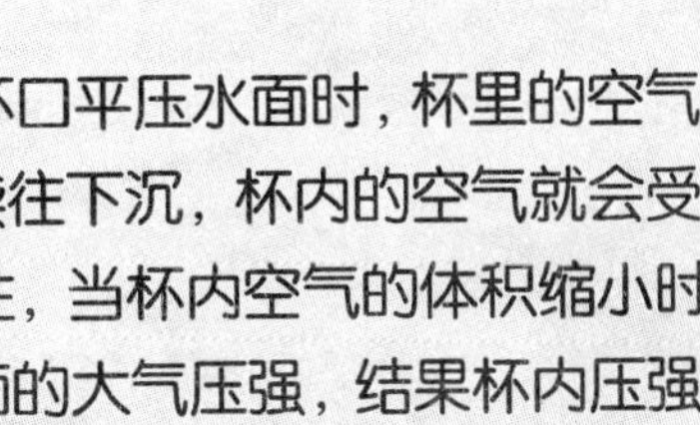

这是怎么回事：

这是依靠空气压力来实现的。当杯口平压水面时，杯里的空气不会跑出来，所以水也挤不进去。等杯子继续往下沉，杯内的空气就会受到水的压缩。我们都知道空气有压缩性和弹性，当杯内空气的体积缩小时，它的压强就增大，于是杯内的压强大于外面的大气压强，结果杯内压强就会阻止水进入杯中，一直到杯口触及水槽底部。所以浮在水面上的蜡烛也就垂直下降，直到沉底。

169 调皮的纸屑

有一次，当我正摆弄碎纸屑时，它们却特别“调皮”，这是怎么回事呢？

你需要：

1.一个碗

2.一件羊毛衫

3.一把塑料小勺

4.一些碎纸屑

快来玩玩看：

1.在碗里放进去一些碎纸屑。

2.拿一把塑料小勺在羊毛衫上摩擦几下。

3.将塑料小勺放在碗口的上方，你会发现小纸屑会争先恐后地粘到塑料小勺的上面。过了一会，小纸屑又都会蹦蹦跳跳地离开。

这是怎么回事：

原来，塑料小勺在毛衣上摩擦之后就会带上静电，小纸屑的质量比较小，所以静电会把小纸屑吸引到它的周围。但是过了一会，小勺塑料上面的电荷会转移到小纸屑上。这样小纸屑和塑料小勺都带上了同样的电荷。根据异种电荷相互吸引，同种电荷相互排斥的原理，小纸屑会蹦蹦跳跳地离开塑料小勺。

170 藏起来的花香

昨天去朋友家里的时候，闻到一种清新的花香，但是他家里既没有鲜花，也没有香水，究竟香气是从哪里来的呢？

你需要：

1.一个玻璃杯

2.一根玻璃棒

3.一瓶酒精（纯度为95%）

快来玩玩看：

1.首先收集地上散落的花瓣，然后把收集到的花瓣放在一只玻璃杯里，越多越好。

2.用玻璃棒把花瓣捣碎，把捣碎的花瓣糊放入一只装有95%酒精的瓶内，封好口。在酒精中浸泡一周，这样香味物质就会溶解在酒精里了。

3.打开瓶盖，就可以闻到花香了。

这是怎么回事：

花瓣中的香味物质，可溶解在酒精里。只要打开瓶盖，由于酒精易挥发，溶解在酒精中的香味物质，也就会悠悠地飘逸出来，使整个房间充满花香。用这种方法贮存的花香，只要不打开瓶盖，酒精不挥发，就能长期保存，需要时打开瓶盖就可以了。

171 做气枪

生日的时候，爸爸送给我一支气派的玩具枪。其实，我还会自己制作“气枪”呢，想不想学呢？

你需要：

1. 直径约为 8～10 毫米，长度为 6～8 厘米的空心玻璃管

2. 长度为 15 厘米的铅笔

3. 土豆　　4. 水果刀

快来玩玩看：

1. 把土豆切成片，以作备用。

2. 把管子两端都插进土豆片里，土豆就会嵌进管子里，把管子两头给堵住了。

3. 把管子的一端瞄准你想射击的目标，拿铅笔把另一端的土豆片推进管里，你手中的这支“气枪”就会“啪”的一声，一块土豆“子弹”就会射向目标。

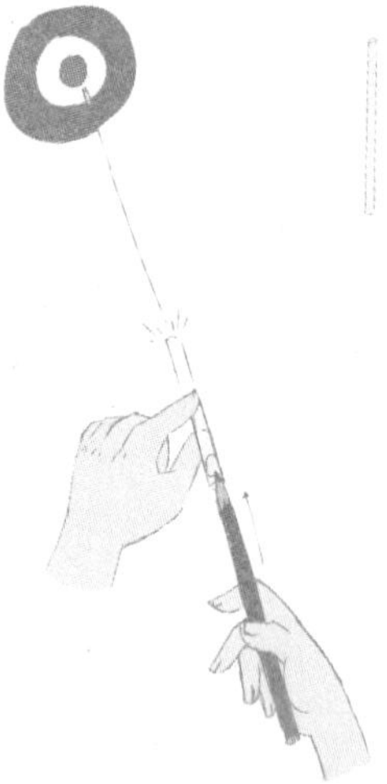

这是怎么回事：

原来，你手中的这支土豆枪，是一支名副其实的“气枪”。管子两头堵了土豆片时，管子里装满了气体，当你把土豆推向管里，管里的空气被压缩，压缩空气就从另一端冲出去，把堵在管口的土豆快速顶出去了。（注意！用铅笔推时要小心，要敏捷。）

172 蜡烛抽水机

你知道怎么样才能用一根吸管和一支蜡烛制作出简易的抽水机吗？

你需要：

1. 两个透明玻璃杯

2. 长吸管　3. 硬纸板

4. 蜡烛　5. 火柴

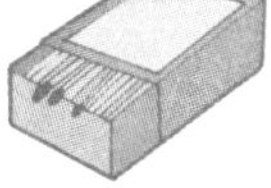

6. 剪刀　7. 橡皮泥

快来玩玩看：

1. 把两个玻璃杯并列放在桌子上，在左边的玻璃杯中点燃蜡烛，在右边的玻璃杯中放入水。

2. 把吸管折成门框形，备用。在硬纸板上面用剪刀剪一个小洞，然后把吸管的一端穿过去。

3. 把硬纸板放在左边杯子上面，用橡皮泥把硬纸板与杯子接触的地方密封好，并把硬纸板与吸管的接触处也密封好。

4. 把吸管的另一端放在右边杯子的水中。过一会儿，你会发现水慢慢从右边杯子流入了左边杯子。

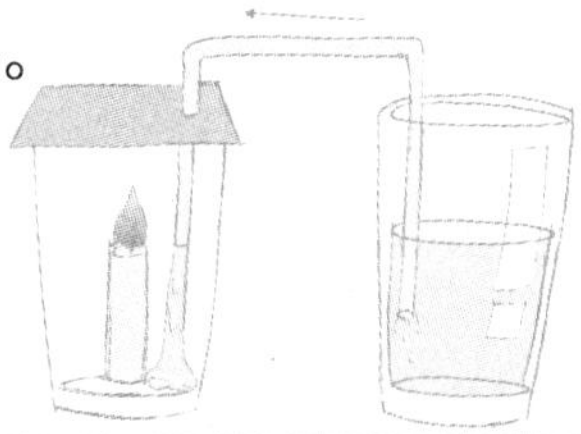

这是怎么回事：

原来，蜡烛燃烧用去了左边杯子里面的氧气，外界的空气又不能及时补充，因而左边杯中的气压降低，而右边杯中的气压仍然正常，所以水就被大气压强压进左边气压较低的杯子里面。等到两个杯子里面水的表面所承受的压力相等时，水就不流动了。

173 没有盆的“吊兰花”

冬天到了，好想给家中添一点绿意呀，老师说可以尝试做一盆有创意的“吊兰花”，那该怎么做呢？

你需要：

1. 一个红皮萝卜

2. 一把小刀

3. 一段尼龙绳

4. 一个洋葱头

快来玩玩看：

1. 把红皮萝卜从中间切开成两段，把能长叶的一段用小刀把心挖空，成为一个碗状。有根的一段还可以做菜吃哦。

2. 再用一个洋葱头，把外面的老皮扒掉，根部朝下，正好把它放在“萝卜碗”里。

3. 用尼龙绳做个圈，套在萝卜上，把它挂起来，再往里面加点水。

4. 过几天后，这个“嫁接”的吊花就长得勃勃生机，开始长出叶子来。数日之后，繁茂的叶子就会把“萝卜碗”包围起来，洋葱长出长长的圆叶，萝卜长的叶子会向上弯曲，还能开出淡淡幽香的小黄花来。

这是怎么回事：

哈哈！是不是很有趣？这一游戏成功的关键是要不断加水。因为萝卜的根和洋葱的鳞叶都贮藏着大量的营养物质，为自然生长准备了物质基础，如果有充足的水分和阳光，它们就能很好地进行光合作用，为冬日增添绿意。

174 小船自己动

我们大家都会做纸船，可是你会做能自己游动的纸船吗？它到底是怎么做成的呢？

你需要：

1.一个乒乓球

2.一把剪刀

3.一枚樟脑丸

4.一个大盆

快来玩玩看：

1.用剪刀将乒乓球剪成两头弯弯的三等份，修改成大致的小船模样。把船尾截去一小块，修平。之后从船尾中间剪出一条缝，剪至船的3/5处。

2.将樟脑丸分成三份放于船中，将船放入到一大盆水中去，让水能透过剪出的缝隙浸润到樟脑丸。这样，船就能自行往前了。难道樟脑丸真的能让小船往前开吗？

这是怎么回事：

其实这和水的表面张力有关。当樟脑丸溶入水之后，那一部分水的表面张力就大大减弱，而另一端的水表面张力相比之下就强大得多，会把小船拉过去。樟脑丸不断溶入水，一边的表面张力越来越弱，一边的表面张力越来越强，这就给了小船源源不断的“动力”，让它一直往前行驶，直到樟脑丸完全溶解为止。水的表面张力逐渐平衡，小船就静止不前了。

175 爬行的纸蛇

蛇本来就是一个会爬行的动物，做一个会爬动的纸蛇，是不是很有意思？

你需要：

1. 一张吸墨纸

2. 一个滴管

3. 一把剪刀

4. 一杯水

快来玩玩看：

1. 在一张吸墨纸上，先画出一条直蛇的形状，用剪刀把它剪下来。

2. 尽量把纸片折出许多褶皱，把它平放在地上。

3. 在蛇的身上滴一滴水。

4. 你会发现蛇向前爬动起来了。

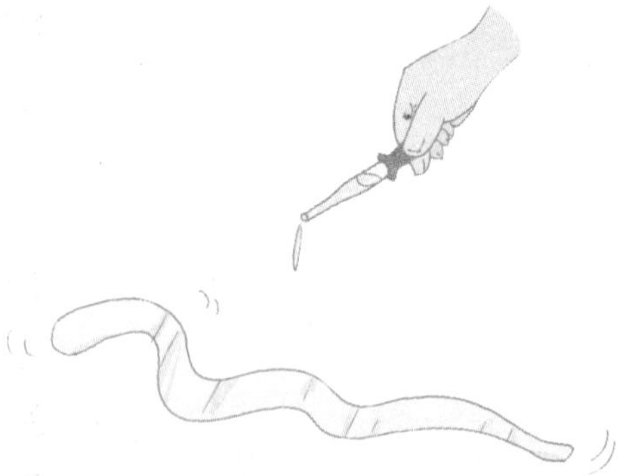

这是怎么回事：

原来，把水滴到纸蛇身上的褶皱处时，吸墨纸会立即吸水并扩展开来，由于纸纤维的毛细作用，水向四周扩散，褶皱处就随之扩张，从而使纸蛇向前爬动。

176 粉笔螺旋画

不用画笔，只用普通彩色粉笔在白纸上就能作出螺旋状的彩画，很有意思的，你不妨试一下。

你需要：

1.几张报纸

2.一个大碗

3.少许醋

4.粉笔若干

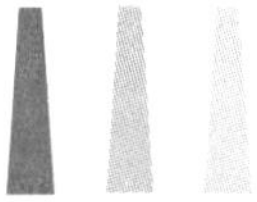

5.玻璃杯若干

6.一包纸巾

7.一把锤子

8.一双筷子

9.少许食用油

10.一张白纸

快来玩玩看：

1.在桌子上铺一张报纸，在报纸中间放一个大碗，碗内加入两勺醋。

2.把粉笔分别包在纸巾里，用锤子敲碎，碾成粉末状。将不同颜色的粉末分装在不同的杯子中备用。

3.往每个杯子中加入一勺食用油，用筷子搅拌均匀，将它们一起倒入已加入醋的碗中。这时含有粉笔末的油会在水的表面形成彩色的圆圈。

4.再取几张报纸平铺在桌子上，另取一张白纸平铺在水的表面吸附上含有粉笔末的油，再将它取出，平铺在准备好的报纸上。过一天之后，擦去粉笔末，就可以在白纸上看到五颜六色的画面了。

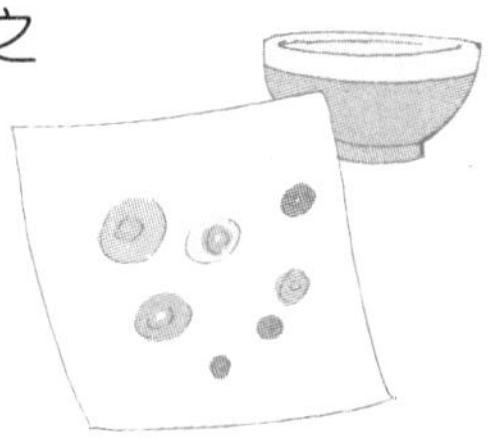

这是怎么回事：

为什么在游戏中，颜色会附着在纸上，形成螺旋状的彩色图案呢？粉笔中有碳酸钙成分，可以与醋酸发生反应，彩色的颜料就会溶解在油中。油脂分子与纸纤维中带有负电的分子和带有正电的分子互相吸引，彩色油就沾在了纸上，形成颜色斑斓的圆圈和条纹图案。